BELLEZA

de *Lago*

UNA MIRADA DIGNIFICADORA Y DE AMOR EN CASOS DE VIOLENCIA

Margarita Chulde

Promotora social en la prevención de la violencia doméstica

Editorial Güipil

Para otros materiales, visítanos en:
EditorialGuipil.com

Editorial Güipil

Editorial Güipil. Primera edición 2021
www.EditorialGuipil.com

ISBN: 978-1-953689-25-2

Categoría: Crecimiento Personal / Autoayuda / Vida práctica / Inspiración

Como legado para mis hijos
*Keren, Isaí, Keziah y
especialmente para la pequeña
Abril Sofía,*

Con agradecimiento profundo a Dios
por todo su amor y dirección.

ELOGIOS

De gran gozo el poder escribir estas líneas y compartir el aporte que significa contar con obras como la que tenemos en manos, de la autora Margarita Chulde. Sabemos que el tiempo que estamos viviendo (Siglo XXI), está lleno de grandes retos y situaciones que salen de nuestro control y capacidad de solucionar. Agregándole además a todo esto, hechos o brotes de violencia que son el resultado o consecuencia de diversos factores, muchos internos (familia, temperamento, carácter) y otros externos (cultura, amistades y grupos, tiempo que nos toca vivir, ambientes laborales, etc.) Bien, el sumergirnos al leer y apreciar esta valiosa obra será una aventura maravillosa que nos confrontará y ayudará a llenar canales de vidas que requieren de orientación, cambios, aceptación y del amor que como seres humanos podemos expresar. Como servidora y maestra será una fuente de gran ayuda el usar este valioso material, para seguir guiando, edificando y transformando vidas.

Rosario Orosco
Maestría en Divinidades y B.A. en Psicología

Es un privilegio conocer a Margarita y leyendo la "Belleza de lago" comprobar su experiencia en el ministerio de Mujeres y su trabajo de campo a través de los grupos de apoyo en la comunidad en el que trabajamos arduamente. Este material es una herramienta de ayuda para aquellos que estén atravesando por una crisis, ciclo de violencia en el hogar, relación de pareja tóxica, o luchando por descubrir su valor intrínseco como hijo único del Rey del Universo. Estoy segura que los temas que Margarita aborda en éste material te ayudarán a encontrar la sabiduría a través de las enseñanzas de pasajes bíblicos que te permitirán sanar para convertirte en un ser pleno de Amor que pueda trascender y desde ese cambio; cambiar su entorno viviendo dignamente a plenitud y ayudar a tú comunidad.

Tania Maguiña
Director de *Take Note Institute*

Deseo recomendar éste libro a algunos de mis pacientes; sobre todo aquellos que encuentran en su fé una fortaleza que no encuentran en ninguna otra parte. Margarita ofrece en éste libro una visión práctica, motivadora y llena de esperanza para lograr vivir conforme a nuestro propósito, aún a través de situaciones de dolor. Lograr una vida de paz y genuinidad. Se palpa en cada oración el anhleo honesto de sumar a las vidas profundas de sus lectores.

Liliana Lara
Psicóloga, Mexicali, Mexico

Margarita es una hermana en Cristo muy querida para mí. Tiene el amor y la determinación que emulan en el más puro concepto al creador de la gracia y misericordia, Cristo Jesús. Ella nos lleva al interior de un(a) sobreviviente y del agresor dándonos las pautas para empezar su transformación Su libro Belleza de Lago, Una

Mirada Dignificadora y de Amor en Casos de Violencia, me cautivó desde las primeras páginas. En él se plasma la denuncia de uno de los flagelos más grandes que azotan a la sociedad desde tiempos antiguos, la violencia y abuso de los más vulnerables, el silencio cómplice de la iglesia y... la esperanza de extirpar este cáncer a través de la educación. Remarca: no basta la oración para terminar con este estigma social, hay que reconocer, intervenir y educar la mente para una verdadera transformación.

Myriam Wong
Profesora de Español
Universidad de Panamá, Panamá.

Margarita, amiga entrañable de similitudes espirituales y académicas, desde nuestra época de la adolescencia, conocedora de ideas extraordinarias e innovadoras sabe cómo escribir sobre ellas en su libro Belleza de Lago, Una Mirada Dignificadora y de Amor en Casos de Violencia. Es un ingrediente, en el servicio a la causa superior, de principios y técnicas siempre vigentes, lo único que tienes que hacer es lograr que trabajen a tu favor. El desarrollo de las personas física, psicológica y emocional, tienen tanta importancia como el desempeño económico, olvidamos que debemos de actuar con respeto, cuidado y justicia, es una guía esencial para orientarnos en el mundo, a veces desconcertante, a veces hilarante y siempre estimulante de las interacciones entre las personas.

Dra. Ruth De La Peña Martínez.
Docente Investigadora
I am very proud of the writings reflecting Margarita

Chulde's abilities among many other gifts that have evolved as she engages in the battle against domestic violence/abused on women: a world-wide problem. She understands and empathizes with the women that she encounters or leads in her support group. Her knowledge regarding domestic violence/abuse increases as she inquires, researches and participates in pursing higher knowledge. Her Spirit led life is transparent in her everyday duties as a mother, wife and community activist. The Hispanic community can greatly benefit from her comprehensive writings that speak to the heart of women and simultaneously educate women on a subject culturally seen as a taboo. ConPaz is extremely fortunate and grateful to have her as part of the Executive Board and she brings to the table a new freshness and updates of women's issues. Her zeal and energy seem never ending.

(Traducción a español)

Estoy muy orgullosa en este trabajo de reflexión de Margarita Chulde, entre otras habilidades que desarrollado conforme ha enfrentado la violencia doméstica en las mujeres un problema mundial. Entiende y empatiza con las mujeres que acompaña y dirige en su grupo de apoyo. Su conocimiento acerca del abuso ha crecido y siempre investiga para adquirir un mayor conocimiento. Su vida guiada por el Espíritu es transparente en su vida diaria como madre, esposa y en la comunidad. La comunidad hispana puede beneficiarse grandemente con este escrito tan completo ya que habla al corazón de las mujeres a la vez que las va educando en esta área que culturalmente se ha visto como tabú. ConPaz es afortunado y extremadamente agradecido de tener a Margarita como parte de la Mesa Directiva de la Organización y que traiga a la mesa ideas frescas y noticias nuevas sobre cuestiones de las mujeres, con una pasión, entusiasmo y energía que nunca terminan.

Yolanda Calderon,
Founder Director of *ConPaz Organization*
501C(3) for Hispanic Abused Women
35550 Crossroads Street
Wildomar, CA 92595

Conocí a Margarita Chulde en la ciudad de Norwalk, California el día que se casó con mi compañero en la Viña del Señor, Miguel Chulde. Desde aquella fecha hasta hoy, hemos conservado una amistad ministerial. Margarita es una persona inquieta intelectualmente, con una pasión humanitaria sin igual. Esa pasión defensora de los derechos humanos es nata en Margarita. Temas como la violencia sobre los niños y en especial sobre la mujer. Son los temas actuales que de una manera muy hábil ha explicado en este su libro titulado: Belleza de lago. Es un libro muy acertado en un tiempo de pandemia del COVID-19, en donde hemos notado un alto índice de violencia, no solo familiar sino social. Yo recomiendo su lectura, en especial a los pastores y consejeros familiares pues les servirá de mucha ayuda en sus prácticas ministeriales y humanitarias.

Rev. Eleazar Barajas
Pastor de la iglesia *Huntington Beach Church*.
California, USA.

Por muchos años, como sobreviviente de violencia Intrafamiliar en mi pequeña Costa Rica en América Central, vimos el flagelo de la violencia como algo doloroso, feo, que se hablaba en secreto y que nadie debía conocer, pues los "Trapos Sucios se lavan en casa". Que todas las familias tenían algún tipo de secreto a voces que es aceptable en nuestra sociedad de doble moral. Como dice nuestra autora Margarita Chulde, esta violencia daña la identidad y genera dolor para el resto de la vida. Felicito a Margarita Chulde, por atreverse a confrontar con valentía esta sociedad al escribir y visibilizar el fenómeno social de la violencia intrafamiliar, así como dar pautas, consejos y orientación a los que han sido o están siendo víctimas de este flagelo.

Magda Ramírez Esquivel
Co-Fundadora y Directora *Fundación Esperanza*
Costa Rica

Nací en un hogar con violencia, fui abusada de niña, viví violencia doméstica por más 12 años, y fui secuestrada por el tráfico humano con mi hija por tres meses. La lectura de Belleza de Lago me llevó a sentir el cálido abrazo y el dulce amor de Dios a mi vida. Margarita ha escrito un maravilloso libro de amor y recuperación para sanar las lágrimas y el sufrimiento en las personas que he visto muchas veces sufriendo violencia doméstica y, que por el miedo y vergüenza muchos de ellos callan. Belleza de lago apoya al sobreviviente con herramientas para superar el maltrato y recuperar su Dignidad. Además nos hace un llamado a los líderes a vivir los principios como la dignidad, integridad y espiritualidad siendo más conscientes del amor de Dios, cuya experiencia nos lleva a una vida de paz y transparencia, inspirando así el cambio que tanto nuestras familias y sociedad necesitan. ¡NO TEMAS DEJAR EL SILENCIO! (Isaías 41:9-13)

Virginia Isaias
President, Founder & Survivor
Fundación De Sobrevivientes de Tráfico Humano
(FSTH)

Agradecimientos

Dicen algunos docentes antiguos que somos dos terceras partes de nuestro Origen y que somos responsables de construir nuestro futuro y bienestar con la otra tercera parte. Por eso, quiero expresar primeramente mi agradecimiento a mi familia de Origen, Chacón Delgado. Familia que me recibió con su amor y cuidado y, que lo ha mantenido a través de los años deseándome lo mejor de la vida.

De igual forma quiero extender mi profundo agradecimiento a Miguel Chulde por la hermosa familia que hemos construido juntos por 26 años. Nuestro trabajo de responsabilidad y cuidado no ha sido en vano. Por lo que agradezco de corazón la paciencia, apoyo y ayuda incondicional que me ha brindado el y nuestra familia Chulde Chacón, durante todo este trabajo del libro. Y especialmente a la mas pequeña, Keziah Chulde, por financiar este proyecto personal. - "¡Gracias! hija por el amor y comprensión que me diste en todos estos meses de trabajo. ¡Gracias! Keren e Isaí por siempre apoyarme y creer en mi."

Seguidamente, también quiero agradecerle a las dos Organizaciones no lucrativas (ONGs) que han contribuido en gran parte en mi crecimiento socio-emocional por los últimos 7 años. Fundación

Esperanza y su Cofundadora Magda Ramírez Esquivel es la primera. Fundación ConPaz y su Fundadora y también Directora, Yolanda Calderón quien ha sido mi mentora como facilitadora de los pequeños Grupos de Apoyo de ConPaz dirigidos al bienestar de la Mujer y sus familias. Agrego mi cariñoso agradecimiento a todas las preciosas mujeres y compañeras de ConPaz por el trabajo en conjunto que nos ha formado como facilitadoras de estos grupos. Gracias hna. Jeannette López por su cariño y vida ejemplar que fue mi referente para facilitar mis primeras sesiones de ConPaz. Gracias Julie Avitua por empezar juntas nuestro primer grupo y mantenerte sirviendo con gran respeto y alegría.

Fundación Esperanza dio a Luz a Fundación ConPaz y, simbólicamente, ambas dan a luz este material de ayuda para quien necesite aprender sobre violencia domestica en algunas de sus formas, como es la violencia de privilegio que se la ha permitido y obviado dentro de la comunidad de fe.

Doy mi sincera gratitud también, a dos mujeres valientes y emprendedoras, ambas peruanas, La psicóloga y pastora Rosario Orosco y la Lic. Tania Maguina, directora de Take Note Institute. Agradezco su respaldo, ayuda y consejo cuando he necesitado en lo espiritual, emocional y social. Son un gran ejemplo de superación, resiliencia, servicio y amor que siempre han brindado tanto a mi como a la comunidad en las que ambas sirven. A ambas agradezco su incondicional apoyo y palabras sobre este proyecto concluido.

Gracias a todas las amigas y familia que cuando les conté de mi proyecto me escucharon y animaron y, en especial, a Claudia R. Álvarez, María de los Ángeles Martínez Galván, y mi hermana Guadalupe Chacón Delgado.

Deseo también expresar mi gratitud a Rebeca Segebre, presidente de *Editorial Güipil*, por su mentoría y escucha y, sobretodo, por tener la confianza en que Dios me habría de guiar a escribir este libro.

A la psicóloga mexicana Liliana Lara por darme orientación emocional mientras escribía uno de los capítulos de *Belleza de lago* y, que muy amablemente me regala uno de los elogios.

Gracias a muchas otras amigas de secundaria y preparatoria por su amistad a través de los años y que han sido parte de la mujer que soy.

Gracias a Dios por todos ustedes que he mencionado o que han sido parte importante en mi caminar. Especialmente a las personas valiosas que tuvieron a bien dar algunas palabras después de leer la mayoría del material a publicar. Como lo son: Dra. Ruth de La Peña Martínez, querida amiga desde la adolescencia; Reverendo, maestro y autor Eleazar Barajas, de quien admiro su conocimiento y sencillez ya por muchos años; Virginia Isaías una valiente y gran mujer, sobreviviente de Trafico Humano y Fundadora de la Fundación de Sobrevivientes de Trafico Humano en Santa Ana, CA.

Y, sobre todo, gracias al Eterno Dios que nos guía a través de las circunstancias difíciles y que apremian decisiones firmes sazonadas de empatía y comprensión y, que nunca cierra sus brazos cuando venimos a Él por reconciliación y dirección. Su presencia en nuestro interior nos vuelve mejores seres humanos y los mas grandes admiradores de la Belleza del Creador, muy parecida al Lago mas sereno y revelador.

CONTENIDO

INTRODUCCIÓN

Belleza de lago es un trabajo que compele mi espíritu desde hace algunos años. Es la voz de aquella niña y joven que habiéndose quedado callada en el pasado, ha despertado para que sea escuchada y para comunicar a otros que tanto el poder de la dignidad humana como el del amor puede cambiar nuestro interior, nuestras familias y nos guía a la disposición para ser útil de cambiar nuestra sociedad doliente por la potestad de la violencia.

¿Qué actos indignantes has presenciado a lo largo de tu vida? ¿Insultos a alguién? ¿Golpes a un niño? ¿Alguna vez te has retirado a causa de momentos violentos de una fiesta, reunión familiar o simplemente de una tienda, por ejemplo, en los viernes negros de EE. UU.? ¿Qué has hecho o dicho al presenciar acciones agresivas de terceros, o tal vez, estas acciones hacia ti o a alguien que amas? ¿Cuándo es oportuno callar o cuándo tenemos el deber ciudadano de intervenir o denunciar? ¿Qué es la violencia para ti? ¿Conoces el término de violencia doméstica?

En el principio, el hombre fue hecho a la imagen y semejanza de Dios en carácter y en principios. Pero estos —como sabemos— se perdieron y esfumaron con la caída y el tiempo, llegando a un mundo lleno de violencia, miseria moral, corrupción y de pobreza.

Para reconocer la dignidad propia como la de los demás, necesitamos seres íntegros, responsables, impecables, conscientes de nuestra moralidad y espiritualidad. No importando sus características físicas, sociales, ni culturales. *Belleza de lago* es esa postura de respeto a la noción de que todos tenemos un valor inalienable y no negociable. Todos somos dignos de respeto y de ser tratados en condiciones igualitarias y equitativas en cualquier entorno en que nos encontremos. Nadie es más ni menos.

Suele decirse que la vida no es justa; pero todos sabemos que no es la vida ni falta de la bondad de Dios, sino nosotros que tardamos tanto en reconocer nuestra dignidad como seres humanos y luchar a consciencia para ser libres de violencia. Sin embargo, si reconocemos este valor en nosotros y hacemos todo a nuestro alcance para que otros lleguen a conquistar una vida con amor y dignidad, desarrollamos una perspectiva más amplia y positiva de la vida.

La lucha o el camino para reconstruir la dignidad es largo y distinto si no se sembró en nosotros desde la niñez. Y se dice que nos debemos sentir sumamente afortunados si vivimos en un entorno digno y sin violencia; un entorno que conforma el 10 % de la población mundial. El desafío es influir el resto de la sociedad que compone el otro 90 %.

Me encantaría que me acompañaras a revisar los contextos principales donde la dignidad no es negociable y que podamos hacer consciencia de cuánto obviamos, o de cuánto no vemos, y que nos impide que actuemos acertadamente para construir un mundo mejor desde nuestro interior y círculos más cercanos. Con la finalidad de que podamos ser de influencia, allá afuera donde se adolece por la falta a la dignidad humana y verdadero amor, comenzamos la reflexión y transformación desde nuestro interior.

El cambio interior libre de violencia es la clave para el cambio familiar y social

Para un cambio desde el interior, en la familia y en la sociedad, se necesita activar el poder de la dignidad y del amor en nosotros. Poder que logra valientemente hacerle cara a la injusticia de cualquier tipo de violencia, incluso a la propia. Y que, además, tiene esa disposición de que todos a su alrededor logren ese nivel de dignidad y amor. Jesucristo no solo nos ha dado la salvación eterna sino una vida abundante. Abundancia en sabernos dignos de lograr y llegar a cumplir nuestro propósito y, de vivir en libertad para compartir esta verdad.

Como hombres y mujeres en igualdad tenemos ese llamado a hacer que el derecho corra como agua, y la justicia como río inagotable (Amós 5:24 NVI). La traducción actual de la Biblia lo dice de esta manera: «Mejor traten con justicia a los demás y sean justos como yo lo soy. ¡Que abunden sus buenas acciones como abundan las aguas de un río caudaloso!» Y la misma Declaración Universal de Derechos Humanos, Artículo I, establece: «Todos los seres humanos nacen libres e iguales en dignidad y derechos y, dotados como están de razón y conciencia, deben comportarse fraternalmente los unos con los otros»[1].

Por lo tanto, la justicia social digna y libre de violencia empieza en nosotros, se extiende a los que componen nuestro derredor y, debe alcanzar a todo entorno que nos rodea. Los contextos de violencia son los que atropellan la dignidad humana e impiden el hacer nacer el amor en nosotros.

---

1   La Declaración Universal de Derechos Humanos, Las Naciones Unidas
https://www.un.org/es/universal-declaration-human-rights/ junio 8, 2020 6:30 PM

En este libro exploraremos los tipos de violencia para reconocer el mal y así abogar por la dignidad y el amor que tanto hacen falta en nosotros para conformar un mundo mejor. Querido lector de la comunidad de fe, espero me acompañes a este reconocimiento de saberse digno y capaz de amar, para ser parte en la divulgación del cambio de ese cosmos de establecer la voluntad del Padre Celestial tanto en el Cielo como en la Tierra.

Belleza de lago es un texto que guiará no solo a los sobrevivientes de violencia, sino también a las personas de comportamiento agresor, por el satisfactorio camino para reconocer quiénes son, qué valor tienen y les inspirará a contribuir en la vida de otros; y te dará herramientas y ampliará tu perspectiva.

Finalmente, quiero que toda mujer que lo lea se arriesgue a ser ella misma y, que su lectura sea el impulso que esperaba para ser escuchada desde su interior; que se exprese al empezar a pronunciar un «no» frente a cualquier injusticia. Para la mujer que ya se identifica con el maltrato, de antemano le deseo el camino a su libertad, esperando que encuentre en estas páginas algún dato, alguna palabra, alguna razón para vestirse de fuerza y dignidad y así defienda su bienestar físico, emocional, espiritual y mental. Que me considere su amiga y que el acompañamiento a través de las letras sea un recurso de beneficio para ella.

Con amor,

Margarita Chulde

Capítulo 1

QUÉ ALIMENTA LA VIOLENCIA

«Hay dos poderes en el mundo; uno es la espada
y el otro es la pluma. Hay un tercer poder más
fuerte que ambos, el de las mujeres.»

Malala Yousafzai

La historia de una adolescente de catorce años, de un poblado de México en los años 60s, nos puede dar una gran enseñanza de cómo cortar con un ciclo de violencia que apenas empieza. Como en su poblado, La Popular, Durango, no se podía cursar más allá de tercer grado de primaria, los niños aprendían los quehaceres y el trabajo en las granjas de la región. Esta jovencita decidió ir a la ciudad, a la casa de la prima de su mamá, quien tenía hijas de su edad. Una de las hijas trabajaba como empleada doméstica para una familia, y la joven hija de esta familia recién se había casado. Así que le ofrecieron a la adolescente irse con la pareja como ayuda doméstica. Esta aceptó y dio aviso a su familia. Los tres, el joven matrimonio y la adolescente se mudan a Monterrey, que es una de las ciudades más grandes y de importancia económica que existen en México.

Una vez instalados, la adolescente de apenas catorce años empezó a notar algunas formas de agresión verbal del joven esposo hacía su esposa. Se levantaba malhumorado y tiraba el plato de comida al suelo si no era de su gusto. Sus palabras preferidas a su esposa eran:

—Tú no sabes, mejor cállate. ¿Eres estúpida, o qué te pasa?

La empleada adolescente vio esto por algunas semanas y se daba cuenta de aquel comienzo incierto de la recién casada; la esposa lloraba durante el día y se ponía muy nerviosa cuando era tiempo de que su esposo regresara a casa y, además ya se empezaba a ver que cubría algunos moretones en su cuerpo.

Un mal día para la adolescente fue cuando muy temprano peló unas uvas verdes, quitándoles las semillas —como era de costumbre—. Cuando llevó las uvas al comedor, el *patrón* le dijo:

—¡No quiero nada! —Al mismo tiempo que tiraba el plato con uvas al piso.

La jovencita se fue corriendo a llorar a su cuarto.

Días después fueron a visitar a los padres de la recién casada. Y allí fue donde empezó la estrategia de la adolescente para no guardar silencio sobre el maltrato verbal de ese joven hacia su esposa. Se vistió de valentía; y en la primera oportunidad le dijo a su prima que trabajaba en esa casa de los padres lo que estaba pasando.

—Prima, te tengo que decir algo. A la muchacha no la están tratando bien. Y eso no me gusta. Yo no quiero trabajar para ese hombre. Por favor, diles a sus padres. Cuando regrese yo veré la forma de avisarle a mi papá para que vaya por mí.

Los tres nuevamente regresaron a Monterrey y, como había dicho, la adolescente le envió una carta a sus padres que fueran de urgencia a por ella. Cuando llegó su padre, un campesino de piel blanca y ojos verdes, piel tostada y de sombrero, a mi madre Margarita Delgado Puentes, se le iluminaron sus ojos y sabía que lo ocurrido con el plato con las uvas verdes no volvería a pasar. La joven señora no podía creerlo. Le pidió que se quedara, le prometió que su esposo cambiaría, le pidió que no la dejara sola.

Mi madre le dijo:

—A mí no me han hecho eso de tirarme el plato de comida y me hizo llorar. No quiero seguir más aquí. Lo siento por usted y, yo ya le dije a mi prima como la trata. Espero que sus padres también vengan por usted.

Así respondió mi madre en ese tiempo. Salió ilesa de esa casa, siempre se recuerda y se pregunta qué sería de aquella pareja.

Mi madre, a sus catorce años, no sólo impidió un probable maltrato para con ella, sino que lo hizo con estrategia. Ella fue poco a poco desenredando la situación hasta que volvió con su familia. No regresó con miedo —porque meses después la emplearon otra vez una familia diferente—, mas bien con su rostro de frente, aunque tímida, pudo parar un ciclo de violencia a su corta edad. Ella supo en quién apoyarse, supo cuánto esperar y cuándo actuar. Mi madre es un ejemplo de fortaleza, constancia y presencia en mi vida. ¡Cómo admiro su proceder y agilidad de respuesta siendo apenas una adolescente! De alguna manera, mi madre sabía de ese poder que existe en la mujer para cambiar una mala circunstancia.

Ahora con la confinación del coronavirus, las niñas y niños son el blanco de todo tipo de abusos, y por eso la importancia de informarse y decidir denunciar con toda valentía.

Pongamos atención a algunos números de abusos a menores previos a la pandemia 2020:

- Cada minuto, casan a 23 niñas con hombres adultos, llegando al total de más de 650 millones en el mundo.
- 24 millones de niñas y mujeres representan el 98 % de la explotación sexual.
- 200 millones son víctimas de mutilación genital: 3 millones por año y en más de 28 países.

¿Conocías estas cifras? ¿Conoces a alguien cercano que ha padecido de violencia? Cuánto dolor por sanar, cuánta identidad por recuperar, cuántos sueños rotos, qué injusticia y cuánta falta de amor para con nuestros menores. Se compunge el corazón y se nos llama a hacer algo en medio nuestro. Empecemos por informarnos.

QUÉ ALIMENTA LA VIOLENCIA: EL CICLO DE VIOLENCIA

Este ciclo es una de las principales dinámicas o hábitos que alimentan la violencia doméstica. Es continuo: empieza, termina y vuelve a empezar; hay una retroalimentación de dos partes: la persona con comportamiento agresivo y la persona agredida.

Estaré refiriéndome a la persona agredida como la víctima o sobreviviente; y a la persona con el comportamiento violento como el agresor o como la persona con comportamiento violento. Y en ocasiones estaré refiriéndome a la víctima en femenino porque solo el 15 % de las denuncias la posiciona como la causante de violencia.

El ciclo de la violencia existe por la actitud de ambas partes, el agresor y la víctima. El agresor ejerce el poder y control y la víctima lo permite al tomar una actitud de desesperanza y sufrimiento por sus creencias de la culpa y sumisión.

Para el agresor es una dinámica segura donde puede descargar la intensidad de su miedo, rabia e inseguridad que inició cuando la víctima (o sobreviviente, si no muere en la dinámica de este ciclo de violencia) se puso en esta posición por su dependencia o codependencia emocional.

Círculo de la violencia

CICLO DE LA VIOLENCIA

Acumulación de tensión

Explosión violenta Agresión

Culpa, arrepentimiento, promesas

Reconciliación

Aparente calma

Leonor Walker (1979) The Battered Women (Las mujeres maltratadas)

Figura 1[1]

Este ciclo se muestra en todos los talleres de prevención de la violencia de pareja o de género. *Violencia doméstica* incluye abuso o maltrato con el cónyuge o pareja. Violencia intrafamiliar son las agresiones a cualquier miembro de la familia. *Violencia de género* es la violencia contra la mujer que

---

1   Psic. Marissa Glover, ¿Qué es la violencia doméstica? El ciclo de la violencia https://dosis-de-psicologia.blogspot.com/2018/12/que-es-la-violencia-domestica-el-ciclo.html

se puede dar en la pareja, en lo laboral, social o en cualquier entorno grupal; es donde hay abuso de las autoridades debido al *patriarcado* porque hay impunidad, no hay un seguimiento a las demandas de violencia, existe obstrucción y/o abuso de las autoridades. La autora de dieciséis libros, doctora en teología y profesora de religión, alerta sobre qué está construida la violencia de género: «Está sustentada por determinadas estructuras de poder y dominación sobre el cuerpo, la sexualidad y la vida de las mujeres.»[2]

LAS ETAPAS PRINCIPALES SON:

Tensión, explosión y luna de miel (reconciliación)

La *tensión* se da después de la luna de miel y poco a poco se empieza con silencios como si no se debiera hacer ruido al caminar sobre cáscaras de huevo, pequeñas quejas por parte del agresor, subiendo el tono de su agresividad con sus palabras y comportamiento; situaciones de rechazo o indiferencia, etc. Por parte de la sobreviviente, se va acumulando el miedo, estados de ansiedad, estrés y depresión, además, de sentimientos de desvalorización y de decepción por haber entrado otra vez al ciclo repetitivo.

Hasta que desemboca la *explosión*, ejerciendo chantaje, violación, golpes, retención de dinero, palabras realmente hirientes, sarcasmos, falta de interés en las cosas importantes para la sobreviviente. Cualquier forma que se encuentre para lastimar, causar daño o poder y control.

Luna de miel: Aquí, el agresor tiene el plan de mostrarse arrepentido y promete un cambio. Declara su necesidad del

2   Ramos Marifé, 10 palabras clave sobre la violencia de género, Prevenir la violencia a través de la educación, Editorial Verbo Divino, España. 2012 pág.368

amor de la parte sumisa, hace regalos, pide disculpas, puede llorar hasta echar la casa por la ventana, hace todo lo posible por ser agradable y sorprender a su pareja. Se centra en el chantaje emocional o psicológico diciendo que la necesita, que sin ella no puede seguir, que nunca va amar como le ama a ella, todo esto para que se le crea y sea perdonado.

Para romper el ciclo de la violencia en la relación se necesita intervenir con recursos internos y externos. Los internos son el educarse para reconocer e identificar la violencia. Y externos para tener los recursos necesarios y la ayuda que la víctima necesita para empezar a poner un alto a la situación de maltrato.

POSICIÓN DE CODEPENDENCIA Y DEPENDENCIA EMOCIONAL

La violencia hacia la pareja comienza con la posición de codependencia y dependencia emocional que la mujer adoptó cuando el ser humano se separó de la dignidad con que fue creado[3]. A los seres humanos se los comisionó de esta manera: «Luego Dios los bendijo con las siguientes palabras: "Sean fructíferos y multiplíquense. Llenen la tierra y gobiernen sobre ella. Reinen sobre los peces del mar, las aves del cielo y todos los animales que corren por el suelo"[4]» . Pero uno de ellos, el varón, a partir de que ella empezó a ansiar («tu deseo será para tu marido») empezó a ejercer dominio sobre ella, y leemos: «—Multiplicaré sobremanera las molestias en tus embarazos, y con dolor parirás a tus

---

3   Romanos 3:23 (PDT) Todos pecaron y por eso no pueden participar de la
        gloria de Dios.
4   Génesis 1:28 Nueva Traducción Viviente (NTV)

hijos. Tendrás ansia de tu marido y él te dominará»[5].

La mujer alejada de la fuente de su felicidad, fuerza, esencia de honra y poder (gloria e imagen de Dios), empieza a temer y a entrar en una relación de codependencia o de dependencia emocional con su pareja. Posición de temor de otorgar su voluntad, su admiración y el control a otro ser humano y no a su Creador. A su vez, el ego y dominio del hombre creció, creyendo que la naturaleza y ella estaban para servirle a él, y no al Creador. Así lo explica escritor Óscar Margenet en su artículo *Dios jamás discrimina a la mujer*:

«La unidad armónica varón-mujer original devino en competencia y control del más fuerte hasta asfixiar a su perfecta compañera.»[6]

LA EVOLUCIÓN DE LA VIOLENCIA

Este es el resumen que he traído rumiando en mi cabeza por días, por meses, por algunos años. ¿Cómo es que llegamos a desplegar la violencia hasta estos límites? ¿Cómo es que hay mujeres emprendedoras en medio de relaciones donde hay todo tipo de violencia? ¿Cómo es que hay mujeres inteligentes, fuertes y decididas en relaciones de codependencia y dependencia emocional? ¿Cómo es que esposas de líderes mundiales y empresariales guarden silencio cuando con quien duermen es responsable de la pobreza y miseria del mundo? ¿Cómo es que existen mujeres creyentes que han guardado silencio por tanto tiempo y han aceptado situaciones de desigualdad, sin justicia, sin misericordia por

5   Génesis 3:16 La Biblia Hispanoamericana (BHTI)
6   https://protestantedigital.com/magacin/44238/Dios_jamas_
discrimina_a_la_mujer Autor Óscar Margenet Dios jamás discrimina a la mujer, 10 DE MARZO DE 2018 · 21:30

parte de su esposo creyente o no, o por parte, de alguien cercano?.

Ocurren más de diez feminicidios por día en México, y en Estados Unidos, más o menos unos 4000 al año. Cada dos minutos se agrede sexualmente a una persona, en su mayoría mujeres. Cada nueve segundos, una mujer es agredida por su pareja. Y esta estadística aumentó a partir del confinamiento por la pandemia del coronavirus. Lo lastimoso es haber descubierto que somos nosotras, las mujeres, somos quienes hemos perpetrado en gran parte esta situación de dominio que Jesús contrarrestó con un trato digno, empático, salvífico hacia la mujer. ¿Será la Biblia un libro perpetrador de esta situación de desigualdad donde la mujer y su destino son un objeto en manos de otro ser humano, de un sistema, de una relación? ¡Claro que no! En eso estoy clara. Y me pregunto: ¿Por qué los creyentes obviamos lo *obvio*? Las mujeres hemos entregado el poder a otro ser humano desde el principio. Se pone el deseo primero, la idealización de que cambiará, que el amor podrá más que esa consecuencia explicativa y corrosiva: «tendrás ansia de tu marido, y él te dominará», del Génesis. Donde existe el dominio, control y manipulación de uno en la relación, es porque el otro es codependiente, dependiente emocional y con un amor propio inmaduro de su esencia humana.

¿Hay mujeres violentas? Sí. Algunas mujeres han adoptado comportamientos violentos porque las han violentado en todas sus formas. Nada más hay que recordar la imagen del cavernícola jalando del cabello a la mujer, con garrote en mano. Y nuestras víctimas son nuestros hijos. Les gritamos, les agraviamos física y emocionalmente; y para acabarla, el hombre ha estado ahí para agredirlos sexualmente. Si me has leído hasta aquí creo que no ha sido tan agradable, quiero recordarte que casi el 85 % de los abusos sexuales se han dado por hombres que son familiares o personas cercanas al hogar. La violencia es la forma de sufrimiento constante del ser humano. Tú y yo conocemos cómo se desenvolvió a través de los siglos. Él se *enseñoreó* de ella, luego uno de sus hijos, Caín, mató a su hermano por envidia, que es la forma más grave de la violencia.

No había pasado mucho tiempo para que la violencia modificara el cerebro y las emociones del hombre y la mujer. Como el coronavirus del 2020 que engaña y modifica a nuestras células, que ya una vez dentro las hace autodestruirse; así también la violencia empezó a modificar nuestros pensamientos e incluso la estructura de nuestro cerebro. Por eso el hombre se ha condicionado para reaccionar más violentamente por el crecimiento de su amígdala cerebral y dejando un hipocampo (zona de memoria) más pequeño que el de la mujer. El neurocientífico mexicano, Eduardo Calixto, ha estudiado las causas y el efecto de la violencia en el cerebro y concluyó en una de sus ponencias: «Entre el 25% y el 30%, las mujeres presentan un hipocampo más grande, es decir, tienen más memoria que un hombre; por otro lado, los varones tienen hasta un 75% más grande la amígdala cerebral, la consecuencia de esto es una relación de mayor violencia cotidiana por parte de los varones.»[7] Por eso la terapia cognitivo conductual ha dado buenos resultados al tratar los comportamientos de violencia.

La violencia es como un cáncer en el inconsciente de nuestra cultura, además de ser, como el virus más sigiloso de nuestro entorno que ataca cualquier estrato social, académico y económico. Hay violentos y abusadores, no importando su nivel de educación o formación social y económica, pueden

---

7   http://www.pjedomex.gob.mx/ejem/cid/exlegibus7/neurociencia7.pdf Dr. Eduardo Calixto, La Neurociencia de la violencia y de la cotidianidad 11 OCT., 2020 11:29

ser maestros, pastores, sacerdotes, cantantes, jugadores, boxeadores, científicos, arquitectos, albañiles, choferes, tíos, hermanos, abuelos, y me olvidaba, esposos, alcaldes, y por supuesto, políticos, trabajadores de fábrica, tenderos, etc.

LA VIOLENCIA DOMÉSTICA ES UN ASUNTO URGENTE

Una historia que me impactó hace años fue la noticia de una pareja que tocaba música. Él tocaba la guitarra y ella, la flauta. Emocionaba escucharlos, a mí me fascinó el conjunto. Y más cuando tocaban individualmente las piezas musicales. Aquí en el área de los Ángeles, California, fue de gran tristeza saber que esta pareja de creyentes que tocaban tan hermosamente se haya visto envuelta en una tragedia de violencia doméstica. Él la mató, ahorcándola por celos. Ella no lo pudo detener a pesar de que él hacía uso de una muleta para poder movilizarse hacia el escenario. El dueto dejó un gran dolor y en una terrible orfandad a sus hijos adolescentes. Aún pienso en ello de vez en cuando y mi pecho se aprieta. ¿A quién no le impresionaría esta historia? ¿verdad? Bueno no es tan aislada. Pasa más seguido de lo que imaginamos.

Según el violentómetro, o medición de violencia que se usa en EE.UU. y México que describe los tipos de violencia, todo empieza con bromas hirientes y culmina con el asesinato.

Si no lo conocías, aquí está:

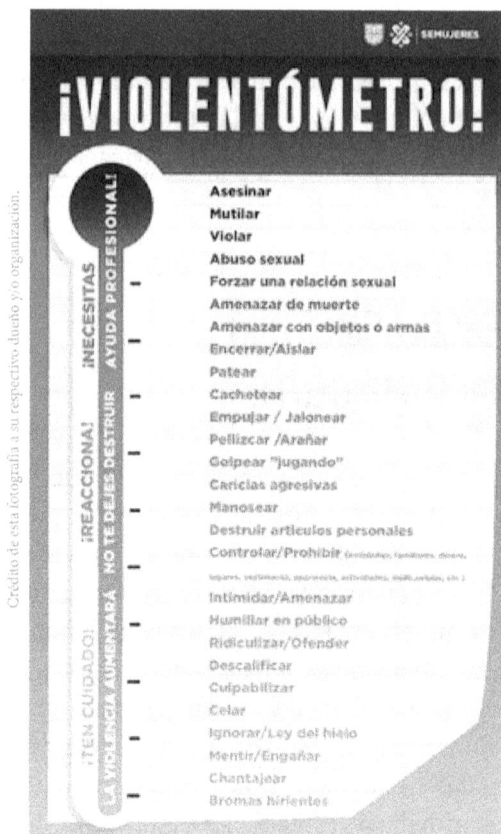

La violencia es un asunto serio, doloroso y peligroso, por tanto, urgente; pero puede prevenirse, tratarse y conquistarse. Malala, la jovencita pakistaní que fue baleada y casi muerta por sus agresores, la querían callar por luchar por la educación de los niños y las mujeres de aquel lugar. Ella dice poco después que se le entregara el Premio Nobel de la paz (2014):

«Con las armas se puede matar a los terroristas, pero con la educación se puede matar al terrorismo.»

Si cambiamos terroristas por violentos y, terrorismo por violencia, así lo leemos:

«Con las armas se puede matar a los violentos, pero con la educación se puede matar a la *violencia*.»

Malala también alude a retomar ese poder de la mujer para lograr educación y autonomía, para recuperarse uno mismo:

«Hay dos poderes en el mundo; uno es la espada y el otro es la pluma. Hay un tercer poder más fuerte que ambos, el de las mujeres.»

POSICIÓN ANSIOSA

Una mujer con posición ansiosa en la relación es codependiente o dependiente emocional y, no es consciente de su poder. Lo cede fácilmente. Hay muchas causas, y muchos porqués, pero lo importante es que es necesario recuperarlo. De esto se trata este escrito de pensamientos que a través de los años me han formado como una mujer con más autonomía, con más libertad de decir «**no**» cuando se requiere, de pensar diferente, de expresar mis sentimientos y mi enojo. Como crecí tímida, tuve que cambiar para saber que fui creada un ser completo, con habilidades, honra, dones e inteligencia; todos aspectos de nuestra dignidad como mujeres. Pero no solo las mujeres introvertidas a veces necesitan recuperarse a sí mismas. Las estadísticas nos muestran que las extrovertidas también han sido presas de la codependencia y dependencia emocional, y por ende, presas de la violencia doméstica.

Para tomar este empoderamiento se necesita valentía, decisión, trabajo, mucha constancia y sobre todo, educación.

¿Qué es la codependencia en cuanto a una relación de

pareja? Es la posición ansiosa hacia el vínculo de su pareja «ansiarás a tu marido». ¿Acaso no es lo común, y no se cuestiona, entregarle la mujer al hombre en matrimonio, en lugar de entregarse ambos en matrimonio? Solemos escuchar: «La casada es ella», «A la mujer ni todo el amor, ni todo el dinero».

Esta posición ansiosa pone toda su reserva de comprensión, atención, amor, interés en una sola persona. Para la recién casada, en su mayoría, todo su mundo es él. Y pone a su propio ser humano, creado con dignidad de lado; poniendo voluntariamente de lado a la familia, amistades, a los padres, sueños, metas, trabajo y, en muchas ocasiones a hijos anteriores a la presente relación. Así lo expresa la escritora y psicóloga Oceanía Marín en su artículo *La dependencia emocional*:

«La dependencia emocional eleva a la otra persona, hasta el nivel de idealizarla, le admirará, la verá superior y un ejemplo a seguir. Esta sobrevaloración del otro, que no se corresponde con la realidad, lo llevará a querer estar aún más tiempo con esa persona o a desearle más.»[8]

La mujer olvida completamente que el Creador como Padre Celestial es la fuente de amor y cuidado y, pone a otro ser humano en su lugar, de quien se espera todo, y se ciega a la realidad. Sin embargo, nuestro Hacedor nos sigue comunicando a través de los tiempos que somos como su ciudad amada.

---

8   https://www.psicologiamadrid.es/blog/articulos/prob-lemas-psicologicos/la-dependencia-emocional-conoce-sus-caracteristi-cas-y-consecuencias Autora Psicóloga Oceanía Marín, La dependencia emocional: Conoce sus caracteristicas y su consecuencias, Domingo, Mayo 24, 2020, 1:23 AM

«¿Puede una madre olvidar a su niño de pecho,
y dejar de amar al hijo que ha dado a luz?
Aun cuando ella lo olvidara,
¡yo no te olvidaré!
Grabada te llevo en las palmas de mis manos;
tus muros siempre los tengo presentes.»

Isaías 49:15-16

Cuando una mujer pone todos sus recursos afectivos en un solo ser humano, se olvida de sí misma y se entrega al punto de fundir su identidad, autonomía y voluntad a un otro, cualquiera que sea, es como ponerlo en un pedestal, lo hace su *dios* del cual *ansía* amor, atención y que le prometa amor eterno. Esa posición ansiosa de dependencia propicia comportamientos de poder y control de la pareja.

A la persona dependiente emocionalmente le será muy útil revisar su dinámica y carencia de amor durante sus primeros años. ¿De quién esperaba amor y percibió que no se lo dio? ¿Sufrió de abandono paternal o de abandono emocional de parte de la madre? ¿Vivió rechazo por sus cuidadores primarios o hermanos? Cuando hay carencia o herida emocional en la niñez, el amor de su pareja queda en el centro y es el eje de su vida; no respira otro aire sino el estar cerca de su amor adictivo. Sus metas personales u otros cariños de familia, incluso los hijos no son prioridad. Su tema de conversación y pensamiento será su maltratador. Se negará a ver la manipulación, el maltrato o la posesividad de la pareja. Y más en la etapa del enamoramiento, creerá que después de la agresión y la luna de miel, él o ella cambiará. Con su entrega, cariño y servicio en desigualdad estará al lado de una pareja narcisista, psicópata, posesivo o manipuladora. Su necesidad de aprobación disculpará casi todo defecto de carácter de su pareja al no confrontarle, incluso el no ser responsable e independiente económicamente.

La codependencia alimenta el ciclo de violencia al mantenerse ambos en su posición de agresor, o bien, de víctima. En cambio, la libertad contrarresta el vínculo codependiente del subconsciente colectivo. Si una mujer logra su libertad de la codependencia y dependencia emocional ayudará a otras de sus círculos cercanos a lograr lo mismo.

La educación nos da libertad, nos aclara el pensamiento, nos muestra nuevos caminos y, no solo a nosotros, sino que todo nuestro entorno va adquiriendo una nueva perspectiva colectiva hacia lo que es un buen amor de pareja con respeto a la dignidad del uno y otro.

La manipulación, los celos, el círculo vicioso de agresión y reconciliación, chantaje, control económico, indiferencia, la no validación de sentimientos, el no aceptar la responsabilidad o confrontar un acto violento van conformando una codependencia del agresor–víctima o de víctima-agresor. No existe el uno sin el otro. Hay tensión, explosión y reconciliación, el típico ciclo de la violencia.

Hay también una dependencia por parte del agresor que crea la codependencia hacia la sobreviviente. Así lo describe el psicólogo psicoterapeuta Jorge Castelló Blasco en su trabajo de *Dependencia emocional y violencia doméstica*:

«Pero detrás de esta posición de superioridad se esconde una profunda necesidad y control del otro, al que quieren siempre consigo y en exclusividad. En este tipo de dependencias son muy comunes los celos, incluidos los patológicos, que encubren la necesidad y la posesión que sienten hacia su pareja. Digamos que con esta actitud de dominio obtienen lo mismo que desea el dependiente emocional estándar, que es la presencia continua de su pareja…»[9]

La codependencia radica en querer suplir la necesidad afectiva del otro. El dependiente dominante crea una codependencia porque su dependencia es suplida y suple la dependencia del dependiente sumiso. Y al contrario, el dependiente emocional crea una dependencia al esperar todo el afecto del dependiente dominante, y a su vez quiere suplir la necesidad afectiva de este.

Si se está en esta dinámica y ninguno cuestiona la relación hay codependencia mutua. En las relaciones salvables entonces se necesita removerse de la posición de poder, o bien, de *sumisión* para que empiecen los ajustes, los cambios y nuevos acuerdos. Detrás de esta codependencia existe una excesiva preocupación por los problemas del otro, especialmente su carencia afectiva.

La palabra codependiente en el latín significa «con». Entonces si se vincula «con» con el dependiente se ha formado un vínculo codependiente. Una educación emocional más la reflexión de si se tuvo un vínculo seguro con su madre o cuidador primario en su infancia, ayudará a una vinculación de pareja más saludable. Un vínculo saludable que forma confianza y seguridad entre la madre o cuidador primario, con el niño/a condiciona a ese pequeño/a a formar y mantener vínculos o relaciones parecidas a esa experiencia de formación.

---

9   http://www.dependenciaemocional.org/DEPENDENCIA%20EMOCIONAL%20Y%20VIOLENCIA%20DOMESTICA.pdf junio 16, 2020 9:39 pm

PREGUNTAS DE AUTOEVALUACIÓN
PARA IDENTIFICAR CODEPENDENCIA

1. ¿Pierdes tiempo de descanso por cuidar a otros adultos?

2. ¿Tu relación te genera problemas económicos?

3. ¿Tu relación causa desasosiego, es impredecible saber qué sucederá?

4. ¿Sientes que llevas toda la carga de la relación, resuelves casi todos los problemas?

5. ¿Es la otra persona el eje de tu vida, anhelas estar con él/ella todo el tiempo?

6. Si no recibes el reconocimiento de esa persona, ¿dejas de creer en ti o te afecta negativamente?

7. ¿Dejas tus propios proyectos por resolver los de los demás?

8. ¿Sientes ansiedad al estar a solas?

9. ¿Dejas de disfrutar por cubrir las necesidades de las otras personas?

10. ¿Dejas de comprarte algo, de arreglarte o de hacerte un corte de pelo que quieres por complacer a los demás?

*Si tus respuestas son sí por lo menos a tres preguntas se recomienda explorar las áreas de apego que forma con la madre o cuidador primario durante la infancia.

LA EDUCACIÓN COMO PRIMERA HERRAMIENTA DE CAMBIO

Al trabajar en nuestros pensamientos a partir de la educación, la sumisión se cambia por cooperación y la entrega por consentimiento y nuevo acuerdo. Y si se llega a la responsabilidad personal y autonomía en ambos, sin inclinarse a un solo lado, un cierto poder o dominio. Se puede llegar a nuevas pautas donde ambos se complementan, no más como víctima–agresor, sino como una relación con equilibrio de ambos, como un conjunto de dos personas dignas con autonomía y amor propio. Generando así bien en la relación y fuera de esta. No dan problemas a la sociedad, todo lo contrario, serán de influencia positiva. Con la educación y disposición ambos llegaran a intervenir a tiempo para hacerse responsables de su comportamiento y buscar los recursos necesarios para comprometerse a una relación saludable o bien, al término de la relación, por una inexistente disposición en la relación de amar, dar cuidado y respeto mutuo.

Aquí la clave es quién de ellos, el agresor o la víctima empezará a educarse. Por lo regular el agresor no querrá soltar lo que alimenta su posición de poder y control. Cada vez que considere que le quitan su terreno, su propiedad y su comodidad hará un poco de cambio, no mucho ni permanente, para que la parte *sumisa* no quiera terminar la situación. Le dará un poco de atención, solo lo necesario para hacerle creer que le ama, que es deseada y que se preocupa por ella. Solo por un tiempo, porque después vendrá la tensión una vez más.

Por lo que le toca a ella, a la parte codependiente o dependiente, iniciar el cambio. Políticamente los cambios no vienen de arriba hacia abajo, sino de la valentía, educación, decisión y organización de los de abajo para cambiar leyes injustas que favorecen a unos pocos y vulnerabilizan a la mayoría. Así también, la parte sobreviviente es la generadora de cambio. Solo tiene que recuperar ese tercer poder que Malala siendo una adolescente lo encontró y decidió no cederlo a nadie.

Un libro muy leído es el de las *Mujeres que aman demasiado* de Robin Norwood, un *best seller*, establece que: «...las mujeres que aman demasiado tienen poca consideración por su integridad personal en una relación amorosa...» Norwood asevera en el epílogo del libro que fue una mujer obsesionada por ser validada por su pareja hasta que las consecuencias fueron dañando su salud física y emocional.

Creo que eso le pasó a esa mujer talentosa que tocaba con su esposo agresor; por alguna razón, no pudo levantar y hacer oír su dignidad, ni empezó a educarse y buscar recursos a tiempo que seguramente hubieran evitado el más acto violento: el asesinato. Por eso se ha cambiado el nombre de víctima por sobreviviente porque la violencia no respeta ni la dignidad ni la vida humana.

Recuperar el amor propio y la autonomía será la segunda herramienta. Por medio de una recuperación de identidad y, a través de una mirada *dignificadora* que la llenará de fuerza y valentía para hacerle frente a cualquier tipo de violencia; que no solo salvará su vida, sino que en muchas ocasiones influenciará su cambio en el otro, en el agresor, cambiando su culturización de privilegio y poder, a un autodominio, actitud generosa y a la voluntad de verdaderamente amar.

Quisiera te preguntaras, querido lector, cuánto te has

preparado para prevenir la violencia en tu vida, en tu familia y en tu comunidad. La violencia en todos los contextos es innegable. Es un flagelo doloroso de muchas cuerdas, además de ser como un cáncer y un virus altamente contagioso.

Amiga, amigo, ¿son estas páginas lo primero que lees en cuanto el tema? ¿Hay cosas injustas y que no están en su lugar en tu relación presente? ¿Qué has hecho para intervenir oportunamente?

Te invito a seguir leyendo los próximos capítulos donde abordaremos el respeto a la dignidad a partir de recuperar nuestra identidad, necesaria para identificar, conocer y hacerle frente a cada cuerda de este flagelo de sufrimiento humano.

Capítulo 2

EL FLAGELO MÁS DOLOROSO EN LAS COMUNIDADES DE FE

ABUSO A LA NIÑEZ Y VIOLENCIA DE PRIVILEGIO

El abuso o violencia a la niñez se ha expresado en todas las formas y las hemos encontrado dentro de las familias de creyentes y en nuestras comunidades de fe.

EL ABUSO FÍSICO A LOS NIÑOS

Hemos usado el contexto del castigo y la vara de una manera errónea.

El Manual pastoral de atención y prevención de la violencia familiar informa que después de estudiar la disciplina a los hijos concluyeron que «el 80 % de las palabras traducidas como castigo en nuestra Reina y Valera, tiene otras acepciones (otros significados) que no apuntan al castigo físico, por ejemplo, reprende, orienta, corrige, advierte, enseña... el término vara, se refiere al bastón (cayado)que usa el pastor para reorientar a sus ovejas cuando éstas se salen del camino, y no para golpearla»[10].

Algunos de mis errores como madre es no haber conocido este concepto erróneo de disciplinar con castigo físico en lugar de **reorientar** cuando eran mis hijos pequeños. Aunque fueron pocas veces que ejercimos las nalgadas con cuchara de palo, también Dios me mostró que los pellizcos, los jalones

---

10   Vinces Rodríguez José; Bravo Guerrero, Benjamín. El Manual Pastoral de atención y prevención de la Violencia Familiar. 1ra. Edición Lima, Ediciones Paz y Esperanza Marzo del 2017.

de pelo o en sus orejitas (aunque no seguido), mirarlos con impaciencia crujiendo las mandíbulas, es abuso físico. El lenguaje corporal o no verbal que usamos con nuestro cuerpo, la mirada de furia y la postura dura en nuestros rostros de una forma cotidiana son muestras agresivas que intimidan y marcan la vida de los hijos como no aceptados y con un sentir de rechazo.

Reorientar es, según el diccionario de la Real Academia Española: «cambiar la dirección de algo. i.e. reorientar el tráfico». Si lo elaboramos desde el ejemplo, para evitar accidentes de tráfico tenemos que intervenir y dirigirlo de una manera más cerca en las intersecciones por la ausencia de señales y/o después de un accidente.

En mi trabajo como orientadora de conducta para las personas con capacidades diferentes, lo hacemos todo el día. Intervenimos dando recordatorios a tiempo para evitar conductas ya predecibles en nuestros participantes. Ellos necesitan la orientación como adultos así como la necesitan todos los niños. Proveerles recordatorios respetuosos evitarán contratiempos cotidianos, como tirar la leche, el jugo o cualquier otro error a nivel motriz.

Los niños no necesitan tantas reglas a seguir, pero estas necesitan estar bien definidas y demostradas por los adultos. Quiero compartir lo que aprendí al tomar clases de desarrollo del niño y que son herramientas para darle una estructura a las actividades en casa cuando son pequeños y además, previenen momentos caóticos y de agresividad. Ahora con tanta facilidad de tomar cursos en línea debería ser una prioridad tomar estas clases para entender el comportamiento y desarrollo de los niños.

PLAN DE REGLAS

Primero, las reglas necesitan ser bien definidas, y deben ser pocas y simples.

a) **Limpiar y ayudar cuando derraman algo por descuido o intención:** Por ejemplo, si tira la leche, su plato, o rompe algo, la consecuencia es aprender cómo limpiarlo. No gritarle, golpearle o dedicarle una mirada de furia, sino de mirarle sin emoción y decirle que se le indicará cómo recoger lo que haya tirado al piso.

b) **Escuchar, seguir direcciones o pasos a seguir:** Aquí es muy bueno dar opciones para que escojan entre dos o tres opciones. Si queremos que nos escuchen es necesario escuchar primero sus gustos o peticiones al ofrecerles opciones y la libertad de decidir. Los empodera.

c) **Ser amable con todos:** Ellos entenderán estas reglas y sabrán qué consecuencias habrá, si hay intención o no, y se sabrán que son cuidados cuando hacemos un círculo de recordar (recalling time) como lo hacen los preescolares. El *círculo de recordar* consiste en hacer un círculo donde todos se miran a los ojos y están cómodos. Lo mejor es sentarse en el piso. Todos deben levantar la mano y ser amables, y esperar su turno para participar. Esta actividad de una vez al día es una excelente oportunidad para modelar la amabilidad, la escucha y de validar las palabras y sentimientos de los niños. Crea un sentido de pertenencia y estima más saludable.

Las dos preguntas a discusión son:

- ¿Cómo estás hoy?
- Completar la frase: «A mí no me gusta cuando…»

Aquí, la mayoría dirá: «Estoy triste porque...»; y el niño o niña de personalidad más positiva dirá: «Me gusta cuando...» Esta actividad bajará el nivel de estrés y ansiedad del entorno y de los niños. Y, sobre todo, del adulto, porque los niños solo reflejan lo que perciben de su ambiente.

En segundo lugar, las reglas necesitan ser consistentes y apropiadas.

La consistencia de las reglas implica que siempre se obtenga la misma consecuencia por el mismo error o explicar el por qué del cambio de la consecuencia. Además, las reglas deben ser apropiadas según la edad. No esperemos que los niños dejaran impecable, después de limpiar, el lugar donde se derramó el líquido o la comida. El adulto debe ser consciente de no subir el tono de su voz, ni mucho menos responder agresivamente. Personalmente, al educarme sobre el desarrollo del niño pude parar de ser agresiva con la mirada y el de jalarles sus orejitas. Empecé a ser más paciente con ellos, aun con sus torpes movimientos. Y me alegro de haberlo hecho a tiempo porque son ellos los que ahora empiezan a entender mis movimientos más lentos y también, torpes a veces.

Entonces si nuestros hijos tuvieran la intervención apropiada y oportuna —como son la atención y estructura (rutinas supervisadas) en su formación— se evitarían muchos abusos físicos porque la intervención temprana o *reorientación* es algo cotidiano y preventivo que desarrolla *seguridad* por su estructura y pertenencia por su consistencia.

Esto me hace recordar la única nalgada que me dio mi papá y los múltiples «por favor» cuando no estábamos haciendo lo correcto al no escuchar sus pedidos. A muchos adultos les molesta la intensidad de la alegría y la capacidad

Belleza de lago *Una mirada dignificadora y de amor en casos de violencia*

de disfrutar de los niños. Cosa que los adultos deberíamos aprender de ellos y no deberíamos hacerlos sentir que disfrutar es un comportamiento incorrecto.

Hoy recordamos en casa con humor, que cada vez se acababa de limpiar el piso, ellos se aseguraban de que se volvería a limpiar al derramar la leche o el jugo. Cuán agradecida estoy de haber parado esas conductas agresivas con la mirada y con castigo físico y cambiar a respuestas con más estructura y consistencia, y sobre todo, con mas comprensión.

Así que, amigos y amigas que son padres de niños y jóvenes, por favor no más *vara* inapropiada o consecuencias que no vayan de acuerdo con su edad. Hoy día tenemos la gran oportunidad de acceder al conocimiento que nos ayuda a evitar el castigo inapropiado y, así prevenir que como padres lastimemos su autoestima, su disposición de cooperar, la confianza en la relación padres-hijos, y sobre todo, su sentir que son amados y aceptados.

ABUSO SEXUAL EN LOS NIÑOS

La segunda manera en que perpetuamos la violencia hacia los niños y en la comunidad de fe es el de ignorar las señales de comportamientos violentos. La comunidad católica ha fallado en gran número de abusos sexuales y la iglesia evangélica, aunque no le supera en número, si ha fallado en complicidad por permitir el abuso dentro de algunas de sus instancias.

El Fondo de Naciones Unidas para la Infancia (UNICEF, 2006), expone el maltrato infantil de la siguiente manera:

«*Los menores víctimas del maltrato y el abandono son aquel segmento de la población conformado por niños, niñas y jóvenes hasta los 18 años que sufren ocasional o habitualmente actos de violencia física, sexual o emocional, sea en el grupo familiar o en las instituciones sociales. El maltrato puede ser ejecutado por omisión, supresión o transgresión de los derechos individuales y colectivos e incluye el abandono completo o parcial*».

Nos corresponde a los miembros de las comunidades locales y más aún, a las esposas de los líderes, no negar las señales de abusos hacia los niños. Si no logramos sacar la violencia infantil de nuestras congregaciones y familias, no llegaremos a ser luz en el mundo.

Aquí está parte de la investigación periodística de los periódicos *Houston Chronicle* y *San Antonio Express News*, apenas expuesto en noviembre de 2019: «Al menos 380 líderes de la Iglesia Bautista del Sur, entre pastores, ministros, maestros dominicales, diáconos y voluntarios, enfrentaron algún tipo de acusación por conducta sexual inapropiada que dejaron en las últimas dos décadas más de 700 víctimas, algunas de ellas de apenas tres años de edad»[11].

VALIENTES Y NO CÓMPLICES

Junto a esta lastimosa y vergonzosa declaración, la investigación reporta que las víctimas en la mayoría de sus instancias no fueron escuchadas y que fueron rechazadas dentro de la comunidad de fe. Antes mencioné que la iglesia ha fallado en complicidad porque muchos de esos pastores o

---

11   El Periódico, https://www.elperiodico.com/es/internacional/20190211/abusos-sexuales-iglesia-bautista-eeuu-7297335 Revelan cientos de abusos sexuales dentro de la iglesia bautista de EE.UU. Nov.2, 2019.

líderes agresores, sólo se movieron de iglesia aludiendo a que tuvieron «debilidad» cuando estos niños y algunas mujeres fueron abusados en las oficinas de los pastores durante el tiempo de la escuela dominical.

Espero que tú, querido lector, escuches si Dios te está revelando alguna señal de abuso hacia niños en este momento de lectura. Dios nos ha llamado a ser valientes y no cómplices. Ser cómplice es de un espíritu de cobardía y de temor. No calles más. Acércate a los padres o a la oficina de niños y familias de tu localidad y haz la denuncia.

La película *En primera plana* (*Spotlight*, en inglés) narra el proceso de unas investigaciones de abuso sexual de varios sacerdotes que resultaron absueltos. Hay siete películas más que abordan la realidad pederasta en los líderes dentro de la iglesia católica, de las cuales la más reciente es hasta ahora Por la gracia de Dios. Ficción o no en las películas, los datos del diario digital DW de Europa en su artículo *Los mayores escándalos de abusos en la iglesia católica* informan: «Los expertos sostienen que la cifra de víctimas en EE. UU. está por encima de las 100.000 personas. Solo en el estado federado de Pennsylvania, más de 300 sacerdotes habrían abusado de menores. Los niños abusados en los setenta se contarían por miles»[12].

La comunidad evangélica no rebasa en número a los abusos cometidos en otras comunidades de fe, pero sí es responsable de no informarse, de no observar las señales de abuso, pero, sobre todo, de callar por proteger al líder masculino. Lo anterior lo sé desde hace mucho y todavía no lo puedo digerir. Se me oprime el pecho y mi vientre. Y aún

12   Wagner, Jennifer. https://www.dw.com/es/los-mayores-es-c%C3%A1ndalos-de-abusos-en-la-iglesia-cat%C3%B3lica/a-47572731 02.18.19 mayo 27, 2020 7:59 pm

más, saber que en su mayoría los abusos sexuales ocurren dentro del contexto de su círculo inmediato. Se habla de que entre 80 % y 85 % de los abusos se dan por un integrante de la familia o persona cercana.

Y cómo no, si casi nunca se ha llevado a discusión la mala costumbre de la antigüedad de darle prioridad a la hospitalidad sobre los hijos e hijas. Lot, al verse acosado por los ciudadanos de Sodoma para que saque a estos mensajeros para que los hombres de la ciudad abusen de ellos, invoca la institución de la hospitalidad a costa del honor de sus hijas. Aunque no se concreta el abuso.[13] Aquí se estaba protegiendo o dando prioridad a dos varones de Dios visitando la casa de Lot.

Los niños y adolescentes no merecen un entorno ni inseguro ni violento. En una clase reciente con una organización llamada Código Rojo de esta área de Los Ángeles, la trabajadora del departamento de niños y familia comunicó que los niños presencian cualquier tipo de violencia: la viven de primera mano y también son víctimas de violencia emocional y psicológica dentro de la familia; muchos de ellos son propensos a desarrollar problemas de conducta, TDAH, ansiedad y depresión, entre otros. Y estos se acrecientan con la edad, añadiendo el uso de drogas y bipolaridad.

La agencia de servicios de la familia SPIRITT, no lucrativa, sostiene que uno de cada seis niños de dos a ocho años tiene un desorden mental, de conducta o de aprendizaje.

Según la Organización Nacional de Hispanos y Latinos

---

13   Vinces Rodríguez José; Bravo Guerrero, Benjamín. El Manual Pastoral de atención y prevención de la Violencia Familiar. 1ra. Edición Lima, marzo del 2017. Ediciones Paz y Esperanza Pg. 30

(MHTTC), dos de cada nueve latinos en los Estados Unidos padecen de una condición de salud mental seria.

Tenemos muchos jóvenes que en su edad de universidad desarrollan muchas condiciones de salud mental. Sería muy bueno que revisemos si hemos expuesto a los niños a cualquier clase de violencia en su entorno para poder nombrarla, y llevar la situación a terapia para que el tratamiento sobre el trauma de violencia que llevan niños y jóvenes sea efectivo.

Cada adulto que tenga alguna responsabilidad sobre menosres necesita aprender las señales del abuso y tener el valor civil para reportarlo, y no proteger al abusador. Dios siempre llama a cuentas y si tú sabes que un niño es abusado, Dios te está llamando a defenderlo haciendo la denuncia. La denuncia o reporte anónimo se hace en la agencia de protección de niños y familias.

La Organización Cambio de Dirección comparte cinco indicadores de que una persona está sufriendo emocionalmente:

1. Cambios en la personalidad.
2. Agitación.
3. Aislamiento.
4. Descuido personal.
5. Desesperación o desesperanza.

Que un niño o adolescente pase por esto y que nadie se dé cuenta es lo que tiene al 20 % de las personas en EE.UU. usando medicamentos para depresión y ansiedad.

Las siguientes características son las deseadas en un niño saludable física, emocional y mentalmente:

- Habilidad de asombrarse, intrigarse y encantarse.
- Mostrar intereses propios como el descubrimiento, música, arte, a la naturaleza, juegos, etc.
- Habilidad de demostrar afecto, ternura, compasión, entusiasmo, palabras de emoción y alegría como también de tristeza y de preocupación.
- Experimentar estados de alegría, de euforia, de actividad física (correr, saltar, cantar) y de tranquilidad (estar confortable, relajado, sereno, satisfecho).

El abandono emocional es una de las heridas de la niñez y adolescencia que requiere un proceso largo para ser sanado. La violencia explícita o implícita en niños y el abandono de su ser en desarrollo siempre dejará una clase de consecuencia, porque la violencia tiene a los padres presos emocionalmente y se olvidan, en muchos de los casos, de ver estas señales de sufrimiento en los menores, por consiguiente, los inhabilita para dar una intervención apropiada al problema.

Los padres estuvieron allí, pero siempre envueltos en el ciclo de la violencia que les impedía conectarse emocionalmente con sus hijos. Y no vieron ni aliviaron los síntomas de cualquier abuso hacia ellos. Sanar esto es largo, y se necesita de una mirada llena de comprensión y perdón de los hijos hacia los padres. Y de consuelo hacia el niño que vivió estas experiencias dolorosas de negligencia emocional. Existen muchos programas para sanar al niño interior, sin embargo, la disposición y constancia de la persona cuenta más que el mismo programa. Desarrollar la conciencia de que cuando niño no se tenía el control, le ayudará a comprender que de adulto sí lo tiene y, que es capaz de tomar responsabilidad de ese niño que lleva dentro. Y al hacerse cargo de sí mismo, entonces puede ser de ayuda para otros en su entorno.

VIOLENCIA DE PRIVILEGIO
TENER ESPOSA NO ES LO MISMO
QUE AMARLA

Aunque ya hemos cubierto en parte esta problemática, quisiera enfatizar que ha sido un flagelo sostenido dentro de la comunidad de fe en muchas formas. «Las iglesias ejercen "un segundo tipo de violencia" al referirse a la omisión en contra de la violencia existente.»[1]

Primero se lo niega. Luego no se lo trata. Este es el caso de la violencia de privilegio donde no existen golpes, ni palabras obscenas en muchos de los casos, pero sí se posiciona con ciertos privilegios de liderazgo, de reconocimiento y de posición al hombre sobre la mujer creyente. En muchos contextos la mujer no es coheredera ni compañera, sino asistente y gerente del ministerio de un hombre en particular, ya sea en el diaconado o pastorado.

Recuerdo esa sonrisa de ese esposo que le decía a una mujer cristiana: «Mi Soylita». La llamaba en diminutivo, pero no era un vaso delicado y apreciado por él. Ella era una excelente y excepcional ama de casa, pero su voz y pensamiento no era apreciado frente a la voz de este líder cristiano. Lamentablemente yo era una joven madre que no sabía el concepto de violencia doméstica para acercarme a esta hermosa mujer que tenía 45 años en ese entonces.

No daré más ejemplos o historias porque amigo, amiga,

---

1   Severino Croatto. Violencia y desmesura del poder. RIBLA
Revista de Interpretación Bíblica Latinoamericana.
No. 2 Violencia y Opresión. San José, Costa Rica (1988). Pg. 9

ya te habrás acordado de alguien que conoces. Pero así hay muchos casos. No hay golpes, hay hogares aparentemente sanos y prósperos. Pero el corazón de ella se duele, se marchita y sabe que el terreno no ha sido parejo en apreciación, servicio y entrega. Mientras ella ha puesto la entrega, él se lleva el privilegio.

El privilegio está en el inconsciente colectivo de nuestra comunidad de fe y en la cultura. Es decir, siempre ha existido y se ha normalizado en el contexto de nuestra comunidad evangélica. Se ha guardado silencio y esa creencia no es confrontada. Solo que las enfermedades y depresiones hablan. Solo se requiere que se le quite el privilegio con asegurar un "No" por parte de ella, para que él empiece a manifestar agresividad. ¿Alguna vez has sentido que se aplica el texto de Colosenses 3:19 invertido? En lugar de: «Maridos, amad a vuestras mujeres, y no seáis ásperos con ellas», por: «Maridos, no amen a sus mujeres, sino sean ásperos con ellas».

Ser áspero es hablar con rudeza y tener una actitud de indiferencia. Algo así como Nabal en 1a Samuel 25 que lo describe como «duro y malo en sus acciones».

Así que si la generalidad de su actitud es ser áspero e indiferente no está amando y no cumple con el deber conyugal. Y el no cumplimiento del pacto matrimonial sí da pauta para una separación o disolución del contrato matrimonial. La primera infidelidad es el incumplimiento del amor, servicio y entrega a la pareja. No se fue fiel a la voluntad de amar, admirar, cuidar y servir en reciprocidad. No solamente es recibir sino preguntarse: ¿Estoy dando cuidado, servicio, afecto, intimidad a mi pareja de la misma forma y cantidad que ella o él me está dando a mí? A no ser que la creencia le diga: «Es su trabajo atenderme a mí».

El cómo intervenir lo tocaremos a fondo más adelante, en las herramientas en el último capítulo.

Amigo o amiga, ¿has sido rudo, áspera, sin delicadeza, indolente o irascible con alguien? ¿En qué ocasiones? ¿Te disculpaste por ello con tu esposa, esposo, hijos, hermanos, amigos o padres? Bueno, eso es signo de agresividad. Y hay mucho que tratar.

ABUSO DEL PRIVILEGIO Y PODER DE DAVID

Nos hemos condicionado tanto a la violencia que nunca preguntamos el por qué el abuso de poder de David sobre la vida de Betsabé y de quien fue su esposo. En este caso resalta el *privilegio* de David como rey de Israel. David planeó y consumó el adulterio y además mandó a asesinar al esposo de Betsabé.

Quién no se recuerda la violación de la hija de David, Tamar, en el segundo libro de Samuel capítulos 13 al 18, por parte de su medio hermano. También encontramos la violación de Dina, la hija de Jacob, por forasteros en Génesis 34. Ya mencionamos las hijas de Lot. En los estudios de Biblia acusamos al desenfreno sexual de aquel tiempo, pero no el haber dispuesto de la inocencia y castidad de las hijas de Lot. Eso es un privilegio patriarcal que, aunque es antiguo, es perpetrado en muchas formas todavía.

Hay muchas formas de violencia que se dieron en los tiempos bíblicos y que aún las permitimos fuera y dentro de las comunidades de fe. Sí. Dentro por guardar silencio frente al abuso de los menores y por no prepararse para apoyar a las familias víctimas de estas violencias sexuales. La trata de personas es la nueva forma de esclavitud humana. Desde tiempos antiguos se apartaba a las mujeres como servidoras sexuales ya que el hombre decidía a quienes tomaban como esposas y a quienes usaban, eso es una forma antigua del tráfico humano. Que para variar hoy día se han esclavizado a menores también.

Las estadísticas actuales dicen que uno de tres son menores de los que son usados como mercancía sexual. Siete de cada diez son mujeres; y tres de cada 100 son hombres adultos. El hombre que ha *sometido* al mundo en lugar de *señorearlo* con justicia y misericordia se ha hecho harenes de castigo y de satisfacción animal desde tiempos de antaño. Culpaba y castigaba a la mujer fácilmente como cuando le respondió a Dios: «La mujer que tú me diste por compañera, me dio de ese fruto, y yo lo comí»[2]. Su falta de responsabilidad y su privilegio en muchos contextos ha maximizado este abuso sexual.

ALGUNAS HISTORIAS BÍBLICAS QUE REGISTRAN LA VIOLENCIA CONTRA LA MUJER

«La violencia contra la mujer, se encuentra registrada en la Biblia, en muchos pasajes, sin embargo, ha pasado inadvertida por mucho tiempo. Son muchos los casos en que esta violencia se menciona, pero solo los más evidentes han sido pocas veces destacados»[3].

2	Génesis 3:12 Biblia Nueva Versión Internacional (NVI)
3	Vinces Rodríguez José; Bravo Guerrero, Benjamín. El Manual Pastoral de atención y prevención de la Violencia Familiar. 1ra. Edición Lima, marzo del 2017. Ediciones Paz y Esperanza pg.29

Quiero resaltar un feminicidio por el hecho de no haberle ni siquiera preguntado o investigado al que fue marido de la víctima. Es el caso de la concubina del levita (Jueces 19-21). Primeramente, se ha menospreciado la historia tal vez porque era una concubina y no una esposa y, segundo, porque dice que le fue infiel al levita, y por esa acción se justifica su violación y asesinato. Por lo que me puse a investigar a qué se refería la palabra infiel en esta parte de la historia.

«La palabra que se traduce como infiel es zaná (heb), sin embargo, también significa apartarse, dejar. La Septuaginta traduce zaná al griego como aperjomai, que significa, se apartó, marchó. Nuevamente vemos aquí el caso de la hospitalidad como valor muy importante entre los de oriente medio. La mujer es entregada a hombres desalmados para salvar la vida del invitado, sin embargo, en este caso termina con un feminicidio.»[4]

En tercer lugar, esta historia se ha contado de forma inconclusa porque siempre se omite que el levita es quien la entregó a sus abusadores como castigo, aludiendo a la costumbre de la hospitalidad, pero, sobre todo, se deja de lado que cuando la encuentra ya muerta al amanecer a las puertas de la vivienda en Guibeá, ciudad de la tribu benjaminita, el levita la recogió y llevó de regreso a Efraín; la descuartizó y mandó sus restos en partes a los jefes de las tribus de Israel. Y absolutamente nadie lo interrogó de cómo pasaron los hechos. El levita nunca declaró que él fue quien arrojó a esta mujer a los violadores por salvarse él (ya que era el huésped). Que no la recogió cuando ella alcanzó a llegar a la puerta arrastrándose antes de morir y, que cuando él sale por la mañana solo le dice a ella: «Levántate, vámonos» (Véase Jueces 19:23-30; 20:1-10).

---

4   Ibid. pg.31

¡Qué indolencia, qué injusticia!, qué falta de honor de aquellos hombres que se jactaban de hacer holocaustos y sacrificios a Dios. Jueces termina diciendo: «En aquella época aún no había rey en Israel, y cada cual hacía lo que le daba la gana». (Jueces 21:25 DHH)

Fueron todos estos casos los que llevaron a Jesús a cumplir la ley, pero también a denunciar la injusticia y la falsa piedad de los líderes religiosos. En un trabajo excelente de investigación de María Fernanda Casar Marfil, para postular para su Maestría en Teología para la Universidad Metodista del Sur de Texas, Escuela de Teología Perkins, resume que el ministerio de Jesús se centró en la dignidad de los más vulnerables.

«Ese carpintero que cuestionó y desafió la configuración de la sociedad de su tiempo, y le dio preponderancia a la liberación y dignificación de los grupos marginados de la sociedad. Como seguidores de ese humilde y poderoso ser, debemos ir tras sus huellas, con la mente y el corazón abiertos a descubrir perspectivas, métodos y formas que hagan de este mundo, uno mejor.»[5]

Hay tres excusas por las que se ha permitido el privilegio del hombre no solo en la cultura con la impunidad y violencia de género, sino también, dentro de la comunidad de fe:

1) Qué es un asunto privado entre familias y parejas.
2) Dios no aprueba la separación o el divorcio.

5   María Fernanda Casar Marfil, Violencia de género: Un acercamiento bíblico y teológico sobre las causas y las posibles soluciones, Southern Methodist University Perkins School of Theology Dallas, TX mayo 9, 2019 pg. 8

3) La mujer es la que inició la caída del hombre y por eso Dios establece que el hombre se *enseñoreará* de ella.

Estas causas son mitos. El maltrato a otro ser humano de cualquier índole es un crimen y tiene repercusión pública. El divorcio era permitido desde tiempos antiguos, claro está, que solo el hombre podía solicitarlo al repudiar o rechazar a sus esposas. Y Jesús (registrado en los tres evangelios), les pidió a los hombres que, si repudiaban a su mujer por su dureza de corazón, que le dieran carta de divorcio y así, ellas pudieran casarse de nuevo. Así nos lo explica el Teólogo y profesor de Teología Federico Pastor Ramos bajo el tema de la "violencia estructural" del Antiguo Testamento en su colaboración el compendio sobre la *Violencia de género*:

«*Sólo es el hombre quien puede promover y llevar a cabo el divorcio/repudio de la mujer (Dt 24,1-4). Parece que la disposición concreta era una mejoría de la situación de la mujer, que, previamente, podía ser repudiada sin trámite y sin garantía. De la forma en que se dispone se le da, al menos, un "libelo de repudio" que garantice su estado frente a terceros y le permita volverse a casar.*»[6]

Una mujer repudiada sin carta de divorcio cometía adulterio. Jesús claramente se convierte en defensor de la condición legal de las mujeres abandonadas y sin la posibilidad de volverse a casar. En cuanto al castigo para Eva, muchos comentaristas y estudiosos, que en asesoría familiar se estudia, concuerdan que la declaración del Génesis es una consecuencia explicativa de lo que viviría la mujer por lo ocurrido, y no un mandato de su voluntad.

Las palabras de Antonio Machado: «nunca pierdas

---

6   Federico Pastor Ramos, 10 Palabras claves sobre la violencia de género, Ed. Verbo Divino 2012 pg. 110

contacto con el suelo; solo así tendrás una idea aproximada de vuestra estatura», es un muy buen consejo para llevar un liderazgo responsable y sin abuso de posición o imposición de privilegio.

¿Cuándo fue la última vez que tuviste la libertad de decir «no» a tu pareja? ¿Cambió algo? ¿Hubo algún tipo de manipulación, silencios o reprimendas por ello?

Amigo, amiga, si vives en una relación donde haces lo que te gusta y trabajas en lo que te hace feliz, vives en una relación donde hay libertad para ser tú mismo/a, esté o no esté tu cónyuge, donde das y recibes en reciprocidad y donde tus ideas y creencias son escuchadas y validadas, entonces estás en un entorno libre de control y poder. Bien por ti y por tu cónyuge, que ambos se comprometieron fielmente en el cumplimento de la entrega, admiración, cuidado, respeto y servicio mutuo.

UNA VIOLENCIA SUTIL

En lo que se refiere a la violencia de privilegio es más difícil de reconocerla, aceptarla y de actuar en consecuencia por lo normalizada que está dentro de cualquier contexto eclesial. Por eso la persona agredida es la que tiene la responsabilidad de investigar, de conocer sus emociones para sondear el nivel de satisfacción y plenitud que tiene en su relación y con el medio ambiente. En la parte de las herramientas estaremos dando los pasos a seguir más ampliamente. Pero sí puedo adelantar que cuando hay amor de parte de ambos aun esta costumbre de *privilegio* se puede conquistar. Sin embargo, sin reconocimiento e intervención, la violencia de privilegio no se desvanecerá con oración y espera. La oración necesitará acción y un plan a desarrollar, recursos, mucho amor propio y acompañamiento.

Se ha hecho caso omiso a la primicia del apóstol Pablo de: «En Cristo... no hay hombre o mujer»[7], donde la dignidad humana se hace visible en nuestra era cristiana. No hay diferencia de cultura, posición o género para ser dignos en Cristo.

Por eso a Jesús le seguían mujeres como hombres, aun cuando a estas solo se les permitía salir acompañadas de un familiar. Jesús les llevó a ambos a una afirmación y valía transformada que el sistema político, social y cultural no se los permitía. Tanto a simples pescadores como a mujeres apenas vistas, les entregó su sabiduría, su amistad y su amor. A María no la regresa a las labores que tenían tan afanada a Marta, sino que le dice a Marta:

—Marta, Marta, estás inquieta y preocupada por muchas cosas, pero solo una es necesaria. María ha escogido la mejor, y nadie se la quitará.

¿Te sientas a reflexionar, a meditar, expandir tu conocimiento en algún área de tu interés? No por un deber sino por placer, ¡Tu placer! ¡Qué maravilla tener un maestro, un amigo y un único salvador como Jesús!

El trabajo del hogar es de todos, no solo de las *Martas*. Una nueva mirada en el trabajo de colaboración y cooperación de cada integrante de una familia creará espacios para el desarrollo personal de todos.

Desde la perspectiva femenina, la mujer consciente siempre retará la injusticia de la división o desigualdad que

---

7   Gálatas 3:28

crea la riqueza de unos cuantos en el mundo, como también lo hará con los pequeños actos no justos y sostenidos de sus círculos cercanos e inmediatos. Las mujeres sentimos, pero también pensamos, y no solo eso, también discernimos. Y es por esa habilidad espiritual que nos ha sido dada por el Creador, que podemos decir: «queremos y podemos señorear junto a los varones» como cuando al principio de la creación donde ambos son bendecidos con las siguientes palabras: «… Fructificad y multiplicaos, y llenad la tierra y sojuzgarla, y señoread…» Génesis 1:28 (Biblia Jubileo 2000), y para que el mundo tenga lo que está perdiendo: la vida, el amor, la ternura y la compasión.

Los que han mantenido el control y el privilegio a través de los tiempos nos han demostrado que controlando y dominando a través de la violencia, no tendremos el reino de los cielos que Jesús acercó con su obra en la Tierra. Al contrario, éstos confinaron a las mujeres a objetos de servicio y placer hasta hace menos de dos siglos. Una condición servil de la mujer al hombre, y luego todos al sistema, y luego el sistema a la cultura de control y privilegio. Esto nos revela que el hombre no ha sido menospreciado, discriminado, humillado como llegó a serlo la mujer. Por la existencia de esta cadena de desigualdad, fue por lo que la mujer se convirtió en sufragista (quien luchó por el voto de la mujer), en pensadora, y en la transformadora de su rol en el mundo. Y fueron algunas iglesias protestantes sus lugares de reunión y de pensamiento a finales del siglo 19. Fueron los creyentes *no religiosos*, compasivos y generosos los que iniciaron una participación más justa y digna de la mujer en la sociedad. Pero no todas las comunidades locales creen que la mujer es la mitad de la creación, la madre de los seres humanos y también la que preserva la ternura y la compasión desde un lugar semejante y de valor que el hombre tiene.

Esta es la violencia de privilegio: *No reconocer el mismo lugar o estima en la mujer que tiene el hombre dentro de la familia, en la comunidad de fe y en la sociedad.*

¿Puede la mujer en tu hogar o comunidad de fe hacer, pensar y decidir como el hombre? ¿Tiene derecho a descansar, a tener su propio espacio y tiempo como los demás en casa? ¿Tiene la libertad de decir: «no, no quiero», «pienso diferente», sin el temor a traer incomodidad o tensión en el ambiente? La respuesta en igualdad debería ser: «sí».

Y para romper esa cadena de privilegio, es necesario que hombres y mujeres por igual desde una mirada de respeto y compresión, de ambas vías, dialoguemos para establecer nuevos acuerdos. Estos deberán apuntar al bienestar igualitario de cada uno dentro de familia y, también al de los otros en la sociedad y medio ambiente. Un acuerdo de poder compartido y voluntad colaborativa. Acordando que el respeto a la dignidad mutua y los valores de vida, servicio y amor serán la medida a seguir de todos, hombres y mujeres, padres e hijos. El uno, no sólo recibe, sino que *da y recibe.* Cada uno *recibe y da.* Esta dinámica de convivencia traerá equilibrio, dará espacio a las Martas de cualquier contexto a una vida más satisfactoria y de realización personal. Hoy por hoy, no solo se busca el bienestar de los hijos y el compañero, sino el de sí misma promoviendo una salud física y emocional más óptima.

Para ser conductores de esa dinámica de cambio es necesario sincerarnos y trabajar interiormente para no maltratar nuestra vida, ya sea nosotros mismos o, permitiéndole a otro menospreciar nuestra aportación en la familia y oportunidad de realización personal.

La mujer ha alcanzado muchos y grandes logros

personales y en la sociedad, y está decidida a ayudar a las que faltan a despertar a la equidad siempre manifestada por Jesús. Y lo conseguirá. Pero todavía falta la cooperación y bien hacer del varón que se ve así mismo con la humildad de Cristo y, que quiera negarse a su naturaleza adámica de *enseñorearse* de su compañera.

Hay hombres que ya lo han logrado. Encontré el testimonio de un hombre que con el tiempo aceptó su violencia hacia la mujer, narrado por Isabel Pavón, una escritora y poeta española, quien dice:

«*La experiencia de mi esposa es distinta a la que han tenido las mujeres de mi entorno. Ella ha reconducido mis enseñanzas. Le agradezco la paciencia que tiene y la fuerza para decirme que 'no' cuando no está de acuerdo en algo.*»[8]

Mi oración es que los hombres y mujeres colaboremos cada uno, desde su casa para crear un ambiente de respeto, de valía, de colaboración y de reconocimiento mutuo y, que se refleje en hijos e hijas compasivos y generosos que se comprometan a realizar acciones más justas al participar en la sociedad. No para figurar sino para erradicar la desigualdad. No para juzgar sino para sazonar su entorno con la dignidad que defendió Jesús.

---

8   Isabel Pavón, Protestante Digital, https://protestantedigital.com/tus-ojos-abiertos/48188/confesion-de-un-hombre-arrepentido 29 DE NOVIEMBRE DE 2019 · 07:45

Capítulo 3

OTROS FLAGELOS DE LA VIOLENCIA

«La prueba de una civilización está en la forma en que se preocupa por sus miembros indefensos.»
«The test of a civilization is in the way that it cares for its helpless members.»

Pearl S. Buck

Hay muchos tipos de violencia, que los llamo *flagelos* porque maltratan y no reconocen la dignidad y valor de la persona. Es necesario descubrirlos para poder hacerles frente y, sobre todo, para prevenir enseñando una mejor convivencia en verdadero amor y dignidad a los jóvenes y niños.

«La expresión "violencia contra la mujer" se refiere a todo acto de violencia basado en el género que tiene como resultado posible o real un daño físico, sexual, o psicológico, incluidas las amenazas, la coerción o la privación arbitraria de la libertad, ya sea que ocurra en la vida pública o en la privada.»

Lo más paradójico de la violencia doméstica es que existe en relación con la pareja o dentro de la familia, aunque no sea vea desde afuera.

EL FLAGELO FÍSICO Y VERBAL

Este flagelo deja en escombros la ciudad de la vida. El miedo y la oscuridad se quedan en la mente como una bruma que asfixia y que no permite que se piense, se ejerza la decisión propia, y casi roba la identidad. El miedo es el más común y el más vicioso. El más obvio y el de más incidencia. Las consecuencias de la ansiedad, el miedo, pérdida de identidad —incluyendo baja autoestima— pueden ser serias y graves, pero nunca insignificantes.

Las estadísticas de esta violencia son de que tres de cada diez mujeres la ha denunciado o reconocido de alguna forma. Se habla de que en países donde no se ha trabajado en la intervención y prevención de violencia, existe hasta en un 60 % en las jóvenes de catorce a 30 años. También se ha reportado que los hombres han empezado a denunciarla en un porcentaje de uno de cada cinco. Cada minuto, 24 mujeres sufren cualquier tipo de agresión. El ciclo de violencia es tan común que la educación de la sobreviviente es imperante, porque por parte del agresor no habrá ninguna iniciativa para parar su forma de ejercer poder y control. (Ver el violentómetro para los signos en de la violencia.)

Es muy importante hacer consciencia de las campañas de prevención contra la violencia. Los colores más comunes para las campañas son morado y naranja. El 25 de noviembre es el Día Internacional de la Eliminación de la violencia contra la Mujer. También es bueno informar a nuestros jóvenes de talleres de relaciones saludables libres de violencia porque entre más temprano se crea consciencia, más posibilidades hay de éxito en la intervención temprana de cualquier abuso.

Se puede empezar a crear conciencia conociendo la Línea

Nacional sobre Violencia Doméstica, llamando al 1-800-799-7233 (para español, oprimir la opción 2) o al 1-800-787-3224 (TTY, para personas con discapacidad auditiva). Y también con los números ayuda para la protección de mujeres aquí en EEUU.

Pero lo indispensable es saber que la violencia ejercida contra otro es un crimen. Si se hace la denuncia puede que la persona que tuvo el comportamiento violento por primera vez sea etiquetado como agresor y tendrá diferentes niveles de penalidades, clases de manejo de enojo y de prevención de violencia doméstica. Cada estación de policía y agencia de la municipalidad local pueden informar sobre recursos, además de otras agencias privadas y sin fines de lucro.

Es necesario que toda persona en EE.UU. conozca que la violencia doméstica se considera un crimen agravado y, que desde septiembre de 1996, todas las personas encontradas culpables por violencia doméstica pueden tener procesos de deportación.

La violencia doméstica y de género es un crimen ante la ley de ya muchos países; deja muchos traumas en las nuevas generaciones, rompe la familia y crea sociedades violentas. Se reconoce que es una violación a los derechos humanos. De aquí vienen nuestros problemas sociales, del abuso de unos contra los otros, de no respetar su dignidad y su valor humano. Y él/ella hace daño al otro es porque también ha sido violentado/a. Y la pregunta de muchos continúa siendo: *¿Por qué una mujer violentada le cuesta tanto dejar la relación, por qué siguen con su agresor? Se ha perdido en la relación, se ha perdido a sí misma, su mente se encuentra como entre la niebla, no ve la salida, se ha olvidado de sí misma, por lo que necesita ayuda externa, recursos, y una red de apoyo emocional y de acompañamiento.*

INDEFENSIÓN APRENDIDA

A las personas que tienen una actitud pasiva ante su sufrimiento, creyendo que no hay solución, aunque sí exista ayuda, se conoce que atraviesa por una afectación psicoemocional de *indefensión aprendida*. Este sentimiento se presenta cuando la persona agredida siente que no hay algo que pueda ayudarla y que no hay salida a su situación. Creer que todo es inútil. La víctima siente que está en un desamparo inevitable por la continua agresión psicológica o física a la que ha sido expuesta en forma sostenida y de un control sobre su voluntad. Aprende que está indefensa y que no tiene, ni tendrá, ningún control sobre las circunstancias.

La buena noticia es que la indefensión aprendida puede ser desaprendida poco a poco, hasta que la persona recobra su identidad y es capaz de retomar las riendas de su vida con ayuda y acompañamiento. El capítulo de cómo recobrar la identidad será una buena herramienta de ayuda para este proceso de pasar del pensamiento de «no puedo» al de «soy capaz».

Hay innumerables formas de ofender, de lastimar, de faltar el respeto e insultar. Cada persona tendría que hacer su propia lista de cómo su cuerpo y alma ha sido agredido. Preguntarse qué palabras se presentan en el conflicto, qué golpes se han usado, cómo han afectado los golpes y las ofensas en el desarrollo de estrés, ansiedad y depresión. Si se ha desarrollado miedo y temor hasta sentirse en una situación de indefensión aprendida, o si no ha contado a alguien para apoyarle y cómo ha confrontado la situación de violencia.

Se necesita darle palabras y forma para hacerlas conscientes.

1. ¿Controla tu vestimenta? Sí___ No___
2. ¿Sientes angustia y depresión? Sí___ No___
3. ¿Tienes la sensación de caminar de puntillas o de no ser la causa de que el agresor se moleste? Sí___No___
4. ¿Demanda acceso a tu celular, a tu agenda o redes sociales? Sí___ No___
5. ¿Se abstiene de reconocer tu esfuerzo, por ejemplo, el de cocinar, el de limpiar, el de tus logros profesionales o laborales? Sí___ No___
6. ¿Te recuerda constantemente tus errores y defectos? Sí___ No___
7. ¿Te prohíbe visitar o llamar a familiares o a amistades? Sí___ No ___
8. ¿Usa la fuerza o el chantaje para tener sexo? Sí___ No___
9. ¿Controla toda la economía? Sí ___ No ___
10. ¿El o ella ha usado golpes con la mano abierta o cerrada, empujones, puntapiés, escupidas, burlas o te ha tirado o roto tus pertenencias? Sí___ No ___
11. ¿Sientes que tienes la libertad de expresar tu parecer o tus opiniones, esté o no esté tu pareja? Sí ___ No ___
12. ¿Has considerado que tu vida corre peligro si continuas en la relación? Sí ___No _

*Tres respuestas afirmativas son suficiente evidencia para decir que se está siendo agredido/a por la pareja. Si la respuesta es «a veces», cuenta como un «sí». El último capítulo cubriremos cómo confrontar, pero lo principal es que te arriesgues, que no calles más y empezar a reconocer qué tipo de violencia es y a educarte para saber qué decisiones tomar.

EL FLAGELO SEXUAL

En uno de mis entrenamientos para ser promotora en la prevención de violencia se presentó la historia de una abogada que estando en consejería por su divorcio, encontró que por muchos años padeció el síndrome de disociación de personalidad. Venía de una familia altamente disfuncional donde el papá era un abusador físico y sexual de las mujeres de la casa, empezando por su esposa. Ella dice que nunca lo contó porque no se enteró de las violaciones. Su cerebro se separaba, o desasociaba del momento de la agresión, y que decidía guardarlo. Fue en consejería que sacó esos recuerdos tan dolorosos de la tormentosa violencia sexual ejercida por propio padre, a su madre y a ella.

Esto es muy común en muchos casos de agresiones sexuales. La mente se estanca y guarda lo sucedido porque no puede manejarlo en ese momento. La mente le salvaguarda del dolor de afrontarlo. Y por eso sigue funcionando y construyendo su vida sin un aparente daño, alcanzando muchas veces éxitos profesionales y en sus relaciones personales. Pero un día sale a flote y tuvo varios años de recuperación en psicoterapia. Una violación sexual es causante de depresión, ansiedad, pensamientos suicidas y hasta puede desencadenar otras condiciones mentales como la disociación de la personalidad.

Es muy importante conocer los recursos que se cuentan para reportar una agresión sexual. Es necesario que:

1. La sobreviviente lo diga a alguien y busque apoyo inmediatamente.

2. Después de una agresión sexual, no cambiarse de ropa, llevar todo puesto. Puede cubrirse con una manta o un saco.

3. Hacer el reporte a la policía o autoridades.
4. Preguntar por una promotora de acompañamiento para ir a hacerse las pruebas de reconocimiento.

Es muy importante que quien acompañe a la víctima le asegure que le cree, y que las preguntas que le haga deben ser sobre lo que hizo y, no el porqué no lo hizo antes, durante y después de la agresión.

El aparato que se usa en Los Ángeles, California, por el Centro de Bienestar de la Mujer (Women's Wellness Center) y el Hospital UCLA se llama Copolscope. El reconocimiento es largo y no debe asustar la cama y procedimientos a realizar. Es necesario porque las primeras doce horas y el cuerpo de la víctima son la evidencia de la agresión.

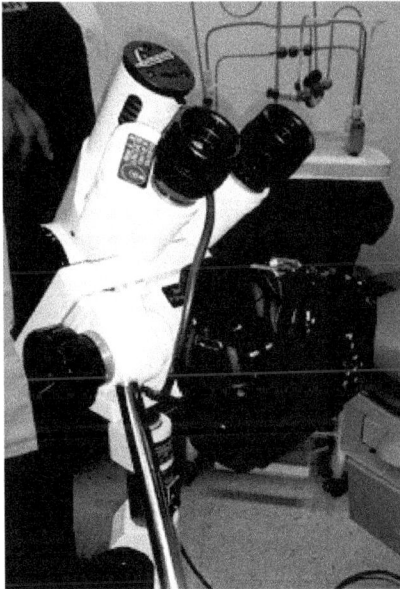

Crédito de esta fotografía a su respectivo dueño y/o organización.

A pesar de los esfuerzos de prevención e intervención el reportar este tipo de agresiones ha declinado de un 40 % del 2017 a un 25 % en el 2018, según el Centro de Recursos Nacional para el Asalto Sexual. Esta fuente también reporta que el 51.1 % de las mujeres víctimas de violación reportaron que la agresión fue por su pareja, y que un 40.8 % fue por un conocido; para los hombres, más de la mitad (52.4 %) reportaron que la agresión vino por un conocido y que un 15.1 % por un desconocido.

Todo tipo de agresión sexual es un crimen penalizado. El Centro de Control de Enfermedades (CDC) de EE.UU. informa «que es un acto sexual cometido contra alguien que no ha dado libremente su consentimiento y que también, puede ser un acto prevenible».

El acto sexual puede llegar a la violación, o bien, es cualquier forma de toque inapropiado donde el agresor vulneraliza a la persona haciendo del abuso sexual su *arma* de poder y control. Una de cada tres mujeres y uno de cada seis hombres han sufrido algún tipo de violencia sexual. 8.5 millones de mujeres, aquí en Estados Unidos, son violadas antes de los dieciocho años. Se estima que 734,630 personas fueron agredidas sexualmente (amenazadas, atentos de violación, o violaciones) en Los Estados Unidos en 2018.

El trauma postraumático llega a ser surrealista, es muy difícil de superarlo. Una violación sexual es causante de depresión, ansiedad, pensamientos suicidas y hasta puede que se desencadene otras condiciones mentales. La disociación de la personalidad ocurre como un mecanismo de defensa de las personas que han sido agredidas sexualmente, y que provocan que alcancen un estado hipnótico o de trance frente al trauma de la agresión. El manual diagnóstico y estadístico de los trastornos mentales DSM-IV lo identifica como «una alteración de funciones integradoras de la conciencia, la identidad, la memoria y la percepción del entorno»[1].

Me impactó una historia de una maestra de primaria como de 35 años, que fue a enseñar a otra escuela en las clases de verano. Ella llegó a la escuela temprano para preparar su clase. Llegó cargada de todo su material que usaría el primer día de clase y, al pasar por una parte alejada de las oficinas, fue atacada, golpeada brutalmente, agredida sexualmente y abandonada inconsciente de tantos golpes. Este caso tan impactante lo agregaron a un entrenamiento del Centro de Mujeres del Este de Los Ángeles para las promotoras voluntarias en la línea de crisis. ¿Cómo se podría haber prevenido este caso? ¿Acaso es común que una maestra sea agredida en una escuela y a tan temprana hora?

Por este tipo de situaciones, informarse sobre las clases de violencias ayudará a prevenir un poco más y, a saber, cómo intervenir y dar ayuda a las víctimas. Y más en este tipo de crimen porque es el menos denunciado. Y aunque se encuentren obstáculos al denunciarlo siempre es bueno recordar los casos que han sido justos, y no solamente dolorosos, como el de las jóvenes del equipo de gimnastas de EE.UU. El renombrado caso Nassar del 2018, con más de 500 asaltos sexuales a menores; o el caso que llevó la abogada Gloria Allred en contra del actor Bill Cosby por 24 acusaciones de agresiones sexuales y violaciones. Se necesitan personas preparadas, comprometidas y valientes en la erradicación y prevención de la violencia.

Quiero cerrar estresando la importancia de la educación en estos casos de violencias porque muchas veces se

---

1   Manual diagnóstico y estadístico de los trastornos mentales, 4a edición (DSM-IV). American Psychiatric Association. Barcelona: Masson; 1995

encuentra con impunidad de parte de las autoridades que actuarán parcialmente si el agresor es un ciudadano de un *carácter respetable*, aparentemente normal ante la sociedad. Se sabe por ejemplo que en algunos países solo el 1 % de las denuncias de cualquier agresión a la mujer llegan a proceder hasta la penalización del agresor. Muchas son las injusticias para ejercer un proceso justo cuando una mujer denuncia abusos de cualquiera de sus formas, por eso es importante que se apoye a la lucha en contra de la violencia de género. Apoyar esta causa no nos hace simpatizantes del feminismo radical, sino ciudadanos con suficiente valor cívico para defender lo que es justo frente a la ley.

CONSENTIMIENTO

En la prevención de la agresión sexual por personas cercanas podemos educarnos en lo concerniente al consentimiento. No porque es novio, esposo o pareja puede disponer de sexualidad de la otra persona. Ni porque una persona el día anterior asintió, querrá dar nuevamente el «sí». El respeto por el «no» es esencial para evitar una agresión sexual o violación. La otra persona necesita saber si estamos dando el permiso para ser tocados, acariciados, o bien, tener un acto sexual en ese momento. Hombres y mujeres tenemos la libertad de dar un «sí» o un «no» para la intimidad sexual en una pareja.

Consentimiento es permitir con un «sí», verbal o corporal y por decisión propia, el avance íntimo o sexual de otra persona. Y también es la habilidad de decir «no», cuando no se quiere un acercamiento más íntimo o sexual. Es la habilidad de decidir hasta dónde permitir el avance físico o verbal de una persona a otra, no importando si tienen o no una relación de pareja. Es increíble que a veces a las víctimas de estas agresiones sexuales, donde el arma es el sexo, son cuestionadas porque su «no» no fue escuchado. Se les censura porque no se defendió, gritó o peleó como para demostrar que estaba pasando en contra de su voluntad. Omiten también que las respuestas naturales del ser humano son de defensa, paralización o huida, haciendo responsable a la víctima de paralizarse ante una agresión donde hay un *arma* y que la pone en peligro a expensas de su agresor. Otro aspecto es que el consentimiento debe ser en acuerdo desde que se empieza el encuentro íntimo hasta la culminación del coito. Pueda que una de las partes ya no quiera seguir, y debe ser respetada su voluntad de no seguir. Muchas veces cuando no se es asertivo, y la pareja que lo sabe, él/ella presionará o manipulará para que se lleve el encuentro. Si hay dudas, algún tipo de caricias no bienvenidas, algún tipo de incomodidad por palabras o comportamientos del otro, la persona tiene el derecho a parar la situación y que sea escuchado su «no». La parte que quiere continuar es mandada a escuchar y respetar el «no» en cualquier circunstancia y tiempo del encuentro íntimo. Cuando se presiona a la otra parte a acceder sin usar golpes para continuar el encuentro, se considera una agresión sexual; y violación, si llega a un acto sexual completo.

En el caso de los menores que son verbales y son conscientes de sus partes privadas (3-17), se recomienda la educación en cuanto al consentimiento, enfocándose en el respeto de la privacidad de sí mismo y del otro. El valor de usar su voz para decir «no» o dar su consentimiento para abrazar, tomar de la mano, o bien, despedirse con un beso. Mientras el menor más practique su consentimiento a temprana edad y que se le respete su «no», le costará mucho menos el de hacerse respetar por los demás. Para las autoridades, un menor de edad no está preparado psicológica ni emocionalmente para consentir un encuentro sexual con un adulto. Y considero que esto nunca debe cambiar ya que el término de la adolescencia ha aumentado hasta los 23-25 años, según la psicología del desarrollo.

EL FLAGELO EMOCIONAL Y PSICOLÓGICO

Estos tipos de maltrato no se ven a simple vista, pero sí se sienten. Son difíciles de reconocer y de comprobar. Requiere que la persona agredida se documente y busque apoyo para descubrir la personalidad del agresor: si es psicópata, narcisista o manipulador.

No necesitará un golpe o palabras disonantes para hacer sentir o hacer saber a otro/a las mentiras de que no es suficiente, que no hace lo necesario y que no podrá cambiar.

PERSONALIDAD NARCISISTA

Para Meredith Miller, una consultora de vida y autora de *La travesía*, es posible trabajar el maltrato emocional y psicológico que los denomina como «estas formas invisibles» de abuso. Para ella, el abuso narcisista es vivir una pandemia silenciosa; y apunta la importancia de poner distancia total cuando no hay una intención de disculpa o disposición de cambio de conducta por parte del maltratador.

El pensamiento de la personalidad narcisista es «soy merecedor de ser amado pero yo no necesito amarte» aunque diga que te ame. Le es muy difícil entregarse a las relaciones cercanas, siempre guardará distancia emocional, aunque hará todo lo posible por tener alguien cerca para proyectarse, para manipular, para hacer sentir inferior al otro, y él/ella superior.

Las necesidades de su pareja no son validadas ni reconocidas. Etiquetará los reclamos de su pareja como inseguridad e hipersensibilidad y le dirá que exagera. En general, hará sentir utilizada a su pareja y no mostrará empatía cuando la pareja necesita ser escuchada y comprendida. Pueden llegar a decir: «Lamento que te sientas así», pero en realidad está pensando: «Las cosas son así, y no porque te lastimé voy a cambiar», «allí está la puerta muy ancha, pero no puedes irte porque me sirves para mis aspiraciones».

Los narcisistas no son personas saludables emocionalmente en sus relaciones cercanas, especialmente de pareja. Es la persona agredida que tendrá que tomar acciones de distancia, temporales o permanentes, incluso decidir por el desapego emocional. No se le puede confiar a los de personalidad narcisista todos los sentimientos, es mejor que los conozca en público para que no los manipule a futuro. Tampoco se le puede confiar secretos, debilidades, cualquier vulnerabilidad, o bien, nuevos planes o metas. Lo más acertado será conservar una autonomía e identidad fuertes, como también, el contar con un apoyo emocional de amigos o familia genuino, fuera de la relación.

La codependencia y dependencia afectiva tenderá a llevar a la sobreviviente a la necesidad de amor de la persona con personalidad narcisista. Así lo explica Jorge Castelló Blasco, psicólogo-psicoterapeuta, en su documento público sobre su ponencia de Dependencia emocional, cuando dice que una posición de subordinación del dependiente emocional lo llevan «a soportar desprecios y humillaciones, no reciben verdadero afecto, en ocasiones pueden sufrir maltrato emocional y físico, observan continuamente cómo sus gustos e intereses son relegados a un segundo plano, renuncian a su orgullo o a sus ideales, etc. Su papel se basa en complacer el inagotable narcisismo de sus parejas, pero lo asumen siempre y cuando sirva para preservar la relación»[2]. Por lo que la sobreviviente lo debe tomar en cuenta para no permitir que el agresor de personalidad narcisista le pueda herir con sus mecanismos de defensa, y sus actitudes y acciones sin empatía y desamor.

El narcisista no conoce el concepto de humildad, siempre se sentirá mejor emocional y espiritualmente frente a su pareja o las otras personas. Siempre está en lo correcto y los demás no lo están. No tienen la disponibilidad de aceptar sus errores o la necesidad de la disculpa. No se cuestiona a sí mismo por la autocrítica o la reflexión interior. Reclamará la obediencia y sumisión de los otros y les hará sentir que están equivocados, que no entienden la situación, que no están al nivel de comprensión y de posición que él o ella. El otro siempre exagerará, estará mal, y no estará a su altura. Y no solo en casos de pareja, también puede haber padre o madre con personalidad narcisista, o bien, líderes o jefes en cualquier contexto.

Si después de confrontarlo en sus proyecciones y acciones, no hay intención de disculpa o de arrepentimiento —no con solo palabras, sino más bien de hechos—, es necesario crear una crisis de separación para que escuche la situación ante una persona de autoridad como un terapeuta, líder espiritual o un juez.

A una persona narcisista no puede dársele amor incondicional porque se convierten en cisternas sin fondo. Se le puede amar, pero solo en reciprocidad. Dar lo que dé, hacer lo que llegue a hacer y responder al compromiso que

2   Análisis del Concepto "Dependencia Emocional", Jorge Castelló Blasco, Ponencia expuesta en el I Congreso Virtual de Psiquiatría http://files.psicodx-funccog-personalidad.webnode.com.co/200000057-412c14225d/dependencia%20emocional.pdf pg.8 Oct. 20, 2020 10:19 pm

esté dispuesto a tener para trabajar la relación. Es necesario que el sobreviviente le deje saber que puede vivir sin el amor, el dinero y la ayuda de él o ella.

El mayor indicador de que el o la sobreviviente se está dejando controlar por el abuso de la personalidad narcisista, es si hay un empeño del agresor en sus demandas de ser el centro de la relación y además, si logra hacer dudar al otro de su bondad, de su amor, de su pensamiento lúcido, de sus razones de sentirse enfadado o indignado. Confundir sus sentimientos y emociones a la sobreviviente siempre será una de sus mejores jugadas. Toda estrategia que usó una vez para conquistar a su pareja ahora es un fastidio y no le interesará cumplir con su pareja las expectativas que creó al principio de la relación. Tácticas que usará, si es necesario, para cuando la pareja quiera dejar la relación. Su manipulación será siempre: «Te haré creer que te quiero, pero solo para mis propios fines y metas», y guardará silencio hasta que la persona agredida se olvide del asunto en asuntos donde el agresor mostró insensibilidad, apatía y desinterés. No reconocerá ni se alegrará por los esfuerzos y logros de su pareja porque insistirá que el centro de la relación es él o ella y no *nosotros*. Su posición de privilegio le hará tener una frialdad inamovible de las necesidades emocionales y de logros de su pareja.

Se empieza la recuperación de este tipo de violencia emocional y psicológica, ¡evitándolos! según 2 Timoteo 3:1-2,5, al poner nuevos límites, alejarse de la posición ansiosa o débil en la relación.

«También debes saber que en los últimos días vendrán tiempos peligrosos, y que habrá hombres amantes de sí mismos… que parecerán muy piadosos, pero negarán la eficacia de la piedad; evítalos.»

La Escritura también nos advierte que *quien no controla su enojo, pagará por ello; ayudarlo es estimularlo a repetir el error*[3]. Por lo que es muy importante tener este consejo en los casos en que se ha puesto una protección judicial o se ha llegado a la separación para preservar la seguridad tanto física como emocional. Es correcto proseguir con la consecuencia o castigo ante la ley si es necesario.

¡Qué alivio! Un sobreviviente puede alejarse, hacer lo necesario para salvaguardar su vida física, emocional y mental. Lo más sensato será quitarse de una posición de dependencia emocional y recuperar el poder divino disponible para todo ser humano; poder para el bien y, para rechazar todo comportamiento violento que limite o agreda el valor o dignidad de sí mismo y/o de otros.

PERSONALIDAD PSICÓPATA

El psicópata hará las cosas o manejará la manipulación más abierta, menos escondida ya que es regularmente un emprendedor o cuenta con una posición de influencia, y será efectiva porque sabe cómo controlar a la víctima. Usa la manipulación por imposición o extorsión. No tiene que ser un asesino o violador pero su personalidad no desarrolló lazos afectivos de amor sanos en su formación. Su pareja especialmente, no es persona sino un objeto, es decir, que cosifica. Su superioridad es tan marcada que hace trizas la autoestima y dignidad de la sobreviviente. Esta personalidad busca no solo el prestigio sino también el poder y la satisfacción sexual. Es un seductor rápido para que la sobreviviente no use su criterio ni vea las banderas rojas desde el principio. Tiene una ceguera frente a las necesidades emocionales y valores

---

3   Proverbios 19:19 Palabra de Dios para Todos (PDT)

del otro. Es muy común que sea encantador en la primera fase de la pareja siendo espléndido y de mucha acción, para enganchar a la víctima con el apego emocional y crear adicción en la sobreviviente por la descarga de adrenalina.

Una característica del psicópata es culpar a la víctima por un tercero. Se lo inventa en todos lados por lo que los celos son una cuestión recurrente en la relación: Que si lo vio, que si lo saludó, que si estaba cerca, que si compartió la misma mesa o banca, etc. Se consideran perfectos, no respetan límites, son hábiles para subyugar y la dominación del otro para afectar la identidad y la autoestima. Estudian cómo agradar a la víctima en fechas especiales, gustos y traen el elemento sorpresa a la relación, para luego dar el zarpazo. Son muy audaces, se arriesgan, ganan todo y pierden todo. Son abusivos con las personas a su cargo o los que trabajan en el sector de servicio. Lo bueno que esta personalidad no es común, solo se identifica al 3 % de la población. El radio entre hombre-mujer es 3 a 1, es decir, por cada tres hombres psicópatas, hay uno del sexo femenino.

El *contacto cero* es lo que necesita la víctima con respecto a una relación abusiva, con una persona de comportamiento agresivo de personalidad psicópata, para empezar su recuperación y, a la vez, será una vía para que esta personalidad reconsidere su abuso a la integridad física, emocional y psicológica de la otra persona y, así llegar a la autorreflexión con la meta de su misma recuperación. La pérdida será su mayor impulso de transformación.

LÍMITES

Para ambas personalidades, lo primero que el/la sobreviviente puede hacer es poner límites para salvaguardar su vida e integridad. Los límites mantendrán a la víctima a salvo siempre y cuando éstos sean claros y definidos. Es necesario ponerlos desde el principio de cada relación. Se requiere una formación psicoemocional y espiritual para gestionar los límites expresados con asertividad y de manera apropiada. La asertividad es una habilidad social donde la persona puede comunicar sus necesidades y su criterio de manera efectiva, es decir, responde a las pautas de los límites no desde la agresividad o desde la pasividad, sino desde un «no» a tiempo, apropiado y con un sentido de valor saludable.

Cómo integrar los límites a nuestra vida:

a) Revisar límites en la familia donde se dio la formación emocional. ¿Se respetaban los «no» y se era hábil para comunicar emociones, gustos y maneras de ser? ¿Hubo sumisión de algunos miembros de la familia?

b) Trabajar en la asertividad personal como meta. Ser una persona asertiva es desarrollar la capacidad de decir "NO" y debe ser parte de la personalidad. Todos podemos desarrollarla.

c) Aplicar los límites en todo tipo de relación.

d) Los límites vigilarán el respeto mutuo. Ambos son dignos de respeto y a ninguno se le será permitido, con sus acciones o palabras, el de pasar el límite por medio de la ofensa.

e) Definir que son ofensas para ambos. Determinar qué actitudes, palabras y acciones no se permitirán dentro de la relación. El espacio personal puede ser un límite. Una taza o gustos preferidos. Qué palabras y acciones son ofensas y cuales no se permitirán.

f) Se comunicará y se procederá a la consecuencia si el límite fue transgredido.

CAMINO A LA RECUPERACIÓN Y DE LA RELACIÓN

Cuando se ha identificado qué clase de abuso se está viviendo, es indispensable empezar a buscar apoyo de recursos sobre violencia doméstica, y de trabajar en la recuperación de la identidad para saber qué tanto y qué partes de la dignidad y estabilidad emocional se han erosionado. Además es necesario tomar en cuenta que la codependencia y dependencia de la sobreviviente se tornará en un sufrimiento continuo que retroalimentará el abuso psicológico y emocional.

A este punto, si se decide quedarse en la relación será para recuperar la identidad como una prioridad, a la vez que se emprende una travesía a la libertad. Cuando la sobreviviente se vuelve consciente del abuso, su recuperación ejercerá presión a manera de inspiración sobre el agresor, para hacerse consciente también; sin embargo, al entrar a un camino de tratamiento, la disponibilidad honesta y genuina, ayudará al sobreviviente a discernir si quedarse o de dar término a la relación. Al no haber amor real, ni compromiso, ni esfuerzo por parte del agresor por su propia transformación y ni el deseo de bien para con la/el sobreviviente, no hay cumplimiento del pacto de la relación y, esta verdad libera a la víctima de su deseo de cumplir sus votos.

La recuperación es ardua, única en su proceso y muy dolorosa porque interviene una transformación profunda. Las palabras del autor estadounidense Max Lucado, vienen a mi memoria: «Dios nunca dijo que el viaje sería fácil, pero sí dijo que la llegada valdría la pena». Los/las sobrevivientes empezarán el trabajo y ganarán una identidad correcta, sabrán quién realmente son y qué quieren, llegando a ser íntegros e independientes emocionalmente. Lograrán su paz interior y su camino espiritual. Se darán cuenta que el Creador las ha acompañado y ayudado a discernir qué camino andar, qué puerta tocar y qué decisión tomar. Sobre todo, redescubrirán nuevamente su capacidad de disfrutar la vida, la naturaleza, la amistad y el amor.

¿QUÉ LÍMITES NECESITO ESTABLECER PARA CUIDAR MI SER, MIS EMOCIONES Y MI CUERPO?

a) Cuerpo: Dejar de comer lo que enferma.
_____
_____

b) En relación con otros:
Amigos: Diré que «no» a hacer un favor, si no tengo tiempo.
Familia: _____
_____
Pareja: _____
_____

c) ¿Qué límites necesito conmigo mismo?
¿Dejar o no hacer qué? _____
_____
Cuando me diga: _____
_____,
diré lo siguiente: «Ya no permitiré que: _____
_____
_____»
¿Qué consecuencia habrá si el límite no se cumple?
_____ Dejar de hacer algo _____ Ir a terapia o consejería
de pareja
_____ Llamar a la policía _____ Él/ella tendrá que salir
de la casa
_____ Separación _____ Otro

EL FLAGELO SOCIAL Y FALTA DEL VALOR A LA VIDA

Antes de la pandemia del coronavirus, yo percibía la violencia como un cáncer colectivo del ser humano. Pero ahora en medio de esta crisis de salud pública y económica, la violencia es más bien como un virus letal e infeccioso alimentado por la falta del reconocimiento de la dignidad humana. Según los expertos, este virus apareció para quedarse. Y la violencia social también no mengua, sino que se incrementa.

Los virus en sí no tienen vida, sino que se activan cuando el terreno del cuerpo humano está agredido por la enfermedad como cuando existen condiciones en la sociedad de corrupción, desigualdad económica y social, supremacía racial, etc. Me ha parecido más factible dar ejemplos de esta problemática de la violencia social porque el hecho de que más del 90 % de la riqueza global está en manos en unos cuantos (1 %); y eso es injusto y violento. Y estos sectores siguen controlando para que exista disparidad social y económica a su beneficio solamente. Bien nos advierte la Escritura que *el mayor de los males es el amor al dinero*. Se agrede a los demás negándoles una vida digna.

El 60 % de habitantes viven en extrema pobreza en varios países y se incrementará por la crisis de la pandemia del COVID-19: «En un nuevo informe se estima que, para 2030, hasta dos tercios de la población extremadamente pobre vivirá en economías frágiles y afectadas». Se mata sin misericordia y no se hace justicia cuando ciudadanos son agredidos o violentados en la mayoría de las instancias.

Durante esta pandemia, la violencia latente ha explotado en todas las instancias, desde la salud mental hasta las agresiones de las autoridades con los ciudadanos. No muy distinto de hace 100 años atrás como cuando pasó La matanza, así se llamó el linchamiento que los americanos blancos hicieron en la segunda década de 1900s con las minorías, especialmente con los afroamericanos y los mexicoamericanos. Esto mismo pasa en nuestros países centro y sudamericanos; un racismo clasista en contra de sus comunidades indígenas.

Por otro lado, se ha trabajado para detener la violencia de género —agresiones por odio a la mujer—, pero en tiempo de pandemia se ha incrementado. La violencia social, como son la discriminación racial, desigualdad económica y de educación pasada y presente, ha llegado al límite de indignación visto en un sinnúmero de protestas a nivel mundial. Por lo que contaminamos el medio ambiente, la naturaleza, nuestra casa llamada Tierra. Toda la energía negativa que producimos por las distintas violencias, como la contaminación que emitimos, están llevando al llanto y deceso a nuestro medio ambiente. Por eso es necesario observarnos desde el interior, para luego observar lo próximo que nos rodea, sanar, y luego ser agentes de cambio para la sociedad.

¡LA VIOLENCIA CONTRA LOS NIÑOS NO SE ESTÁN REPORTANDO!

Si se sospecha que un niño ha sido maltratado, se debe llamar a la policía local o la agencia estatal de servicios de protección al menor. También se puede llamar gratis en EE.UU. al 1-800-422-4453 (oprimir 1 para español), la línea telefónica directa para denunciar el abuso o maltrato de niños.

Amable lector, si tiene información o sospecha que existe explotación sexual de menores en Estados Unidos, puede llamar gratis al 1-800-843-5678 (oprimir 5 para español) o al 1-800-826-7653 (TTY, para personas con discapacidad auditiva). También puede llamar y obtener ayuda para ubicar y recuperar niños perdidos y prevenir el secuestro. El servicio de atención es permanente durante las 24 horas del día.

Los tipos de violencias a los niños son muchas y de gran preocupación social. Se encuentra infiltrada en todos lados y solo hay esperanza cuando hombres y mujeres las reconocemos y hacemos algo significativo al respecto. Todas las violencias a los menores son en muchos de los casos, irreparables que pone en peligro a la especie humana. Por eso hay que hacerle frente desde nuestra posición ciudadana y ámbito profesional. Una jueza de EE.UU. es un ejemplo de esto.

La jueza estadounidense, Rosemarie Aquilina, en enero 2108 dio sentencia de 40 a 175 años de prisión en contra del doctor Larry Nassar, perpetrador de violencia sexual en el grupo americano de las niñas y jovencitas gimnastas. Al término del juicio dijo directamente a todas las víctimas que testificaron:

«Dejen el dolor aquí, y vayan afuera a hacer cosas magníficas.»

Con todo este caos de vergüenza y dolor del proceso del juicio, la jueza Aquilina les dio la oportunidad a estas jovencitas de no ser más víctimas, sino de elegir su destino que la violencia intentó devastar.

Será un caminar largo el de estas jovencitas —y otras ya adultas—, en trabajar en su recuperación para luego hacer esas cosas *magníficas* que, con voluntad, apoyo y poder divino alcanzarán. Esa es mi oración.

VIOLENCIAS DE REDES FAMILIARES EN LA SOCIEDAD

Además de los casos de abusos sexuales particulares como de los del Dr. Nassar y del actor Bill Cosby, están las redes familiares de trata y tráfico de menores y de adultos. Son redes despiadadas que conjugan la degradación moral con el dinero. Son prácticas deshumanizantes que aun las familias y nuevas generaciones, y en particular algunas mujeres, están apoyando estos crímenes. Hay un municipio llamado Tenancingo, entre muchas otras localidades y sus familias, conocido como «Lugar de proxenetas» en el estado de Tlaxcala, México. En ese lugar se ha culturalizado tanto el tráfico de menores y de mujeres que aún familias completas se dedican al proxenetismo, pasando esta costumbre de deshumanización a sus nuevas generaciones.

Lo que hacen es reclutar niñas y jovencitas, en vulnerabilidad social y económica, de comunidades marginadas; las enamoran y les prometen una familia con mejores condiciones de vida, y todo esto, solo para adentrarlas al negocio de tráfico de blancas. Las madres de estos manipuladores las reciben, hacen un teatro de mentiras de que las familias proxenetas las acogerán para ayudarlas. Pero todo esto es un engaño, ya que pronto estas víctimas son abusadas, prostituídas, amenazadas y confinadas a expensas de todo un sistema donde participan madres, hijas, abuelas, tías, y bueno, hombres de todas las edades por supuesto. Dichas familias proxenetas forman una red de impunidad donde reciben protección de su comunidad, de sus gobiernos locales y de más rango, y de los afluentes de dinero. El *negocio familiar* es tan llamativo que algunos ya manejan burdeles en Nueva York, Chicago, entre otros. Es tan grave la culturización de esta práctica que cuatro de cada cinco adolescentes tienen la intención de ser un padrote en este sistema proxeneta.

Los individuos como todo gobierno debería conocer palabras como las del tercer presidente de EE.UU. Thomas Jefferson:

«El cuidado de la vida humana y su felicidad y no su destrucción, es el primero y único objetivo de un buen gobierno».

Querido lector, ¿conocías esta forma de vida tan falta de principios y de valor humano? Por eso la urgencia de ir contracorriente a la deshumanización y todo lo que atente a la dignidad humana. Es tiempo de asociarnos con programas y entidades privadas que garanticen un óptimo desarrollo a nuestras generaciones jóvenes. Seamos estadistas y no políticos, pensando y haciendo lo que esté a nuestro alcance para apoyar un bienestar bio-psico mental y espiritual de las generaciones que nos siguen. Hay muchas fundaciones y programas que recibirán nuestro trabajo voluntario y ayuda económica con mucho agradecimiento. Por lo que hay que ir contracultura cuando no se eduque con la verdad y con una negligencia de valorar la dignidad humana de cada ser.

FALTA DEL VALOR DE LA VIDA

Otro valor que se desvanece en nuestra sociedad: la vida. Matar se volvió una costumbre de generación a generación.

Por eso las guerras entre países, las guerras civiles, entre razas como la falsa creencia nazi, entre las familias; y el tema que tocaremos en los siguientes párrafos: la interrupción del embarazo.

Se sabe que en la antigua Roma se mataba a los *niños y niñas* de manera normalizada donde los padres no se les obligaba a aceptar al neonato. Era legal deshacerse de este. No fue hasta en la Era Cristiana (D.C.) en 374 que entra una ley de la obligación de criar a los hijos pero según "el conservador del Museo Nacional de Arte Romano de Mérida, José Luis de la Barrera, aunque no por ello cesó"[4] el infanticidio; el valor y el derecho a la vida lo introdujo la fe cristiana. «En el caso de las niñas, se les consideraba menos útiles...hay constancia de que un mercader romano de viaje por Egipto mandó una misiva a su mujer en la que le daba instrucciones de que si en su ausencia daba a luz a una niña, se deshiciese de ella»[5]. Al pasar los siglos, la interrupción del embarazo se practicaba en algunas familias para cubrir la vergüenza de un incesto, de un engaño o abandono a la mujer embarazada. Incluso tenemos el caso de que la madre de Jesús, Maria, hubiera quedado expuesta a la vergüenza social de su tiempo si José no se hubiera casado con ella. Hoy día se sigue concientizando porque todos los niños tengan el derecho a la vida no importando las circunstancias.

Sabemos que hoy en muchos sectores se practica la interrupción del embarazo como un derecho de la mujer y como control de natalidad, sin embargo, organizaciones como IRMA que ofrece consejería en el acompañamiento de

4   Agencia EFE, Del infanticidio en la antigua Roma a la ¿conquista? de los derechos del niño, 15 nov. 2015 Mérida, España https://www.efe.com/efe/espana/cultura/del-infanticidio-en-la-antigua-roma-a-conquista-de-los-derechos-nino/10005-2764418 21oct. 2020
5   Ibid

duelos de interrupciones de embarazos, sostiene que siempre hay una responsabilidad con la sociedad y con uno mismo. IRMA establece que «la responsabilidad significa asumir las consecuencias de nuestros actos, cumplir con nuestros compromisos y obligaciones ante nosotros mismos y los demás»[6]. Siempre habrá una herida por la pérdida y solo es responsable la persona misma, exista o no la despenalización del aborto.

Pero más allá de abordar si se debe despenalizar el aborto o no, quiero resaltar que no se está informando, además del riesgo clínico, acerca del dolor emocional y la culpa del estrés postraumático que llevan muchas mujeres por largo tiempo, yo entre ellas, que hemos pasado por el dolor de perder un hijo por medio de una interrupción inducida. Las campañas de *pañuelo verde* están omitiendo esta importante información que le ayudaría a muchas mujeres a decidir más sabiamente y en favor del bienestar de la vida humana, incluso la suya. Qué paradoja, el color verde está relacionado al crecimiento, a la vida, a la Tierra, sin embargo, es usado para interrumpir antes de tiempo el ciclo de vida de toda una generación.

Se pierden casi 325,000 vidas neonatales por año en EE.UU. a través de una de las agencias que más apoyo monetario tiene en el país; esto quiere decir: 1 cada 97 segundos, 34 cada hora o 845 al día. Y estos números solo representan el 31 % de los números nacionales.

A grandes rasgos, las mayores secuelas psicológicas y físicas no depende si el aborto es legal o no. Hay un gran número de efectos postaborto y no hay suficiente educación para las mujeres o familias lo consideran la interrupción del embarazo. Se encuentran más artículos que afirman que si hay consecuencias psicológicas y emocionales pero lo más

---

6   https://www.irma.org.mx/filosofia/ 21 oct. 2020 8:00 pm

importante es cómo lo vive cada mujer; experiencia que se debe validar y respetar. El tiempo y su nivel de consciencia le hará saber los efectos de su decisión. MAPFRE, una página de internet escrita por médicos y que no tiene ninguna afiliación política ni religiosa, informa que «la intensidad y la duración de los efectos también es muy variable en cada caso. Existen dos síntomas psicológicos que suelen darse en la mayoría de los abortos (voluntarios o involuntarios). Por un lado, la ansiedad en diferentes grados (desde leve hasta ataques de pánico). Y, por otro lado, sentimiento de culpabilidad»[7]. Al lado de los diferentes grados de ansiedad y sentimientos de culpabilidad, mujeres han registrado los siguientes síntomas:

- «Negación o incredulidad.
- Confusión.
- Oscilaciones en el estado de ánimo.
- Tristeza y sensación de vacío.
- Enfado o rabia.
- Falta de energía.
- Irritabilidad.
- Miedos (a no recuperarse nunca de la pérdida, a no poder reproducirse, a problemas familiares…).
- Sentimientos de incapacidad y afectación de la autoestima.
- Desconexión de los propios sentimientos.
- Aislamiento social.
- Falta de lívido o disfunciones sexuales.
- Miedo a la muerte (tanofobia).
- Insomnio o pesadillas recurrentes.
- Evitación de todo lo relacionado con bebés o, todo lo contrario, obsesión.
- Problemas de pareja (modelos de afrontamiento

---

7   MAPFRE, Consecuencias psicológicas tras un aborto, https://www.salud.mapfre.es/salud-familiar/mujer/reportajes-mujer/consecuencias-psicologicas-aborto/ Oct., 21, 2020. 12:58 pm

diferentes a la pérdida, falta de intimidad, problemas de comunicación...)».[8]

En mi caso, cargué esta herida emocional, psicológica y moral por más de dos décadas y, cuando llegó el momento de que la luz alumbrara esa verdad, se convirtió en un indescriptible dolor, tan intenso que partió mi ser en un antes y un después. Dolor que llegó a suma intensidad cuando la Palabra revisó y redarguyó mi experiencia:

«La palabra de Dios vive, es poderosa y es más cortante que cualquier espada de dos filos, penetra tan profundo que divide el alma y el espíritu, las coyunturas y los huesos, y juzga los pensamientos y sentimientos de nuestro corazón. No hay nada creado en el mundo que se pueda esconder de Dios; todo está desnudo y expuesto a su vista. Es a él a quien tendremos que rendirle cuentas de nuestra vida.»[9]

La culpa persiste en un gran número de mujeres porque donde hay un valor, en este caso, el Valor de la Vida, y si este se transgrede, hay un castigo impuesto: la culpa. Además de poner en riesgo la propia vida se arriesga el estado mental, emocional y físico de la mujer. Si no fuera importante la muerte por aborto inducido, no habría culpa recurrente en un gran número de mujeres que tomaron esta decisión en un punto de su vida. Retomar el Valor de la Vida no por la ley sino por el deseo de la misma, es cuando verdaderamente se planta en el corazón ya una vez trascendido el dolor y la culpa. Es decir, ninguna ley nos impone este valor en el interior, sino que debe nacer en nuestro corazón para preservar el *humus* (tierra), el ser humano.

Dios me permitió deshacerme del peso de la culpa, la

8   Ibid
9   Hebreos 4:12-13 Palabra de Dios para Todos (PDT)

vergüenza y la falta de alegría por *la vida* con la ayuda de la fe y de su inagotable amor que vinieron a través de su perdón y consolación. Y con ello, recuperé mi capacidad de disfrutar la vida, un momento, un instante, un amanecer o anochecer. ¡Porque la vida es alegría! Y no una vergüenza o carga social. Ahora me toca resarcir al defenderla como parte de la corrección por el daño irreparable que causé. Pero Dios perdona lo imperdonable. «Vengan, pues, dice el Señor; y razonemos juntos: Aunque sus pecados sean como la grana, como la nieve serán emblanquecidos. Aunque sean rojos como el carmesí, vendrán a ser como blanca lana.»[10] Nacer y vivir es un derecho y es parte de la naturaleza y, no debería ser un acto de violencia, el que decida terminar el principio del ciclo de vida.

IMPLICACIONES EN EL SISTEMA FAMILIAR: TODA VIDA EN LAS FAMILIAS CUENTA

El aborto no es solo una herida a la conciencia, sino que es la muerte de toda una generación, y cuando comprendí esto, reconocí mi responsabilidad. Y no he vivido una experiencia de perdón y de amor más profunda que cuando traje mi pecado más grave a los pies del Salvador. Gracias a Dios por la libertad que me dio su gracia y por el reconocimiento de esta verdad que me permitió abrir mi corazón a mis hijos. Les hablé de mi inmadura y errónea decisión de interrumpir la gestación del bebé, y que había sido mucho antes de la relación y matrimonio con su padre. Cuando fue el tiempo prudente hablé con los tres de forma individual. Agradezco infinitamente por su comprensión, su escucha y su aceptación. ¡Su mirada de amor y empatía no la olvidaré jamás! Uno de ellos no al instante, pero sí al tiempo después.

10   Isaías 1:18 La Biblia de las Américas

Mis hijos entendieron, comprendieron y perdonaron a su propia madre; y a la vez incluyeron a un miembro(a) de la familia que había estado ausente por muchos años.

Dentro de la primicia que todo pecado necesita perdón o corrección, está la implicación de la recurrencia de la interrupción del embarazo en nuestros sistemas familiares conocidos a veces como legrados o aspirados. Según la psicología sistémica o bien, a la luz de la familia de origen, relucir o reconocer la pérdida, inducida o no, de un neonato es importante dentro del árbol familiar para las siguientes generaciones. Como también es importante reconocer otras ausencias de hijos o miembros de la familia por otras circunstancias. Si se presenta en nuestra generación ya se había presentado en las anteriores. Solo el reconocimiento al darle nombre tendrá el poder de evitar nuevas pérdidas y exclusiones de otros miembros por cualquier causa en las siguientes generaciones. *Reconocer y darle nombre es un acto de inclusión* que beneficia a los hermanos previos y posteriores al neonato o miembro de la familia.

La corrección es necesaria para dejar un legado de amor y perdón aún a pesar de nuestros errores. Sobre todo, para dar nombre y dignidad a la historia de ese pequeño al que se ha perdido. No hay nombre para los padres que pierden un hijo, por lo menos démosle nombre al final del proceso de duelo.

Como un paréntesis, también se movió un aspecto de inclusión de otros hijos en mi familia de origen durante mi proceso de duelo, la hija y dos nietos de mi hermano fallecido, que no habían sido reconocidos. Y también he reconocido en mi corazón como hermanos a los hijos de mi padre de otra relación. *Toda vida en las familias cuenta* y su historia en el árbol familiar tanto de padre y madre. Y como tácito ejemplo, Dios se aseguró que, en el árbol familiar de Jesús, se contarán a las mujeres, que, a los ojos de muchos, hicieron su origen cuestionable: Tamar (Mt.4:3), Rahab, Rut (Mt.1:5) y Betsabé (mujer de Urías, Mt.1:6).

IMPLICACIÓN EN LA COMUNIDAD

Hay mucho dolor y secretos que necesitan claridad en nuestra sociedad respecto a las pérdidas inducidas. Hay mujeres, hombres, jovencitas, y en ocasiones casi niñas, que llevan el vacío de la pérdida que siempre existirá, no importando si fue una decisión en familia, de pareja o individual. El aborto es deshumanizante por lo que hay que llorarlo y aceptarlo. Hacen falta espacios compasivos y sin juicios, en las comunidades de fe y de otras instancias para los procesos de duelo y, así poder ser escuchados y, sobre todo, para repensar juntos el Valor de la Vida. Por otro lado, también se requiere una mirada de apoyo y aceptación para con las hijas adolescentes y muy jóvenes que enfrentan un embarazo en circunstancias desafiantes. Esto ayudará que no se opte por la interrupción del embarazo y así, prevenir situaciones de riesgo para ambas vidas: madre e hijo.

Las siguientes palabras de Amado Nervo me llevaron al nombre que le di a mi hija al final del proceso de duelo; su nombre es y será Abril Sofía:

En las noches de abril, mansas y bellas, en tanto que recuerdas y meditas, ascienden al azul las margaritas y se truecan en pálidas estrellas.

Fue entonces que despedí a Abril Sofia con un pequeño poema:

Ve entonces

Abril, me has dejado enamorada,
enamorada del color y de la brisa,
de los versos y la música apasionada
¿Cómo dejarte ir con todo ello?
Dime tú que estás más cerca
del Creador de este admirable
y resplandeciente Universo.

Ve entonces,
porque me dejas lo más bello.
El amor de Dios
(que siempre estuvo ahí para mí),
el amor de mujer,
que mi lienzo siempre anhelaba tener,
y lo más maravilloso que recuperé:
un corazón de madre,
y con este, a cada uno de mis hijos.
Integrarte es lo más grande
que mi Señor y Padre
me regaló amar y reconocer.
Te amo.

Para cambiar nuestra sociedad hemos de tratar nuestra propia violencia. Y no podía abordar la necesidad de confrontar la violencia siendo parcial al no incluir mi propia experiencia. Sé que hablar de estas experiencias es sumamente difícil y a veces trae muchos desafíos; pero Dios siempre nos lleva hacia lo que es honesto y justo, y ante eso no podemos oponernos. Necesitamos valentía, mucha humildad y sinceridad para hacerlo. Además, trae mucha sanidad y armonía que necesita la vida de cada uno que conforman el sistema familiar.

Gracias, Dios, por todo tu amor cuando venimos a ti en busca de perdón y consolación. Gracias por abrazarnos a pesar de nuestras decisiones equivocadas y dolorosas que nosotros mismos nos causamos. Solo en ti, Señor, encontramos redención y, una vez más, tu bendición.

RESÚMANOS EL CAPÍTULO

1) La violencia existe y hay que enfrentarla.

2) Todos podemos ser vulnerables y todos podemos llegar a cometer actos violentos.

3) La respuesta es tomar acción y tomar responsabilidad. La persona agredida es responsable de salvaguardar su dignidad física, emocional, mental y psicológica a través de buscar los recursos necesarios y el de establecer límites para protección.

4) El agresor tiene la oportunidad de reconocer su comportamiento violento y asumir su responsabilidad.

5) El/la sobreviviente tiene el poder de retomar la vida con fuerza, dignidad y amor para un nuevo comienzo.

6) Al revisar nuestro árbol familiar cuidaremos de incluir todas las historias y conflictos para que no se repitan los errores, y se incluirá a los que no se han contado, rechazado o ignorado en las generaciones anteriores.

Tal vez sea nuestra generación la que adopte valores de

integridad, perdón, aceptación y, el valor de la vida desde la concepción.

7) Existe la necesidad de espacios seguros y compasivos para educar y apoyar los casos de violencia y procesos de duelo. La meta es traer equilibrio y bienestar digno y de valor, a nuestro interior, a nuestro entorno y luego a la sociedad. Y los que luchamos somos los llamados a liberar a los más indefensos para encaminarnos a un mundo más conectado, inclusivo y con más compasión.

Capítulo 4

BELLEZA DE LAGO

Un poema

Al sentir la brisa de un día soleado
me invita a abrazar los recuerdos
más preciados.
Y al escuchar el murmullo
de las diminutas olas
me da calma como cuando
Dios me ha abrazado.

Siento su amor y sus brazos
su suave voz cantando.
embellecida por la luz de sus ojos,
casi murmullo: «Jesús, te amo».

¡Cuánta paz y satisfacción da a mi alma
saber que el amor está conmigo
se ha encarnado!
Belleza de lago
son su canto, mirada y
y gozo en sus brazos.

por Margarita Chulde

LAGO HURON, CANADÁ, 02/07/17

El poema anterior me lo inspiró el estar contemplando la serenidad y calma del Lago Hurón, en un viaje que tuve la oportunidad de hacer en un crucero a los Grandes Lagos de EE.UU., el pasado junio de 2017. Esa tarde no era fría ni caliente, solo se sentía la brisa. Todo pensamiento se esfumó a la inmensidad de la belleza de la creación de Dios. Y así me sentí: amada, consolada y abrazada por Dios mismo. Lo pude sentir y le agradecí ya comenzado el término de ese día inolvidable para mi vida. La paz y serenidad que experimenté fue de una manera tan profunda que puedo asegurar que fue una conexión con Dios como pocas veces he tenido. Toda mi existencia de 46 años en ese momento se había juntado y concertado. Por fin, me sentía amada, completamente escuchada; y me arropó de una fuerza que no sabía que existía.

ME RECONOCÍ AMADA Y PERDONADA

Ahí, en esos momentos de puesta de sol y donde el Lago Hurón se mostraba en una calma excelsa, me sentí amada por el Creador de toda la belleza, el poder y magnanimidad del Universo. Su belleza se imponía, pero yo miraba solo Su presencia, no solo allí en ese momento, sino durante todos mis 46 años de vida. ¡Cuántas creencias se desplomaron en ese momento! ¡Toda creencia de desvalorización, victimización y culpa se desvanecieron! Por fin, ya no esperaba el amor perfecto de ningún ser humano, ni el de mi esposo, padres, amigos o hermanos. Ni siquiera el mío porque allí yo me desvanecía también. El «yo» ya no existía, solo contemplaba el amor que era la presencia pura del mismo Creador.

Dios me recordó cuántas veces me había hablado, así como en ese momento de serenidad y paz, y yo, tan distraída por la dependencia emocional no lo veía, no lo sentía y no lo creía. Mi espíritu se compungió por los errores de juventud, por la negligencia y la violencia que permití en mi vida, por mi cobardía de quedarme callada cuando en mi interior sabía que presenciaba una injusticia. Vinieron a mi mente muchas excusas, pero esta vez, no serían aceptadas. Mi posición *ansiosa* frente a la vida, en mis relaciones y mi existencia allí terminaba. Y fue el amor insondable de Dios que arrojó todas esas creencias erróneas hacia el olvido.

La culpa por la pérdida de esa vida en gestación y ese dolor callado que llevé cargado por tantos años, también se alejaron, convirtiéndose en un recuerdo dulce como un pilar de fortaleza al cual regreso cuando necesito; pero ya no sola, Su presencia como abogado está conmigo y, solo encuentro el amor del cielo, siendo como un regazo de madre para mí, y un seno de Padre para Abril Sofía. *Belleza de lago* es el amor del beso infinito por el cual Dios nos unió y nos abrazará a ambas, en esa experiencia en el Lago Hurón que ahora me inspira a mirar la vida con más justicia, valentía y fortaleza. Ahora puedo clamar: «Diga el débil, fuerte soy». Mi alma y espíritu habían palpado el perdón y misericordia de Dios para mi necesidad humana. Ahí, en esa majestuosidad y belleza del Lago Huron, comprendí que Dios nunca se había alejado ni Su amor tampoco, solo que yo ensimismada en el dolor y distraída no podía verlo. Hice oído sordo a las palabras de Jesús cuando decía: «Mira las aves del cielo…, mira cómo visten las flores del campo. No trabajan ni hilan para hacer su vestido. Sin embargo, les aseguro que ni siquiera el rey Salomón con toda su gloria se vistió como uno de ellos». Su amor me vistió de dignidad y amor en esa noche, en ese viaje sola, que nadie, ni yo había pagado, sino que Él lo había planeado para mi cumpleaños 46 en ese crucero. ¡Oh, cuán amada me sentí y cuánta luz de amor entraba por la herida de mi alma! Mi alma se derramaba junto con mis lágrimas y, poco a poco, la calma de su Espíritu me envolvía y consolaba.

Después de ese viaje emprendí otro. Un viaje de autoconocimiento, una nueva asertividad y con una nueva posición como hija de Dios.

Después de ese viaje ya no fui la misma. Dios de muchas maneras me hacía saber Su presencia. Ya no me sentía sola cuando mi esposo e hijos no estaban, o no se interesaban en mi conversación. Empecé a ganar un espacio solo para mí. Donde la espiritualidad, la conciencia y emociones se integraban.

UNA VEZ HIJA, SIEMPRE HIJA

Dios nos da vida, nos sustenta en todo sentido, su fidelidad no cesa, aunque a veces nos rebelemos a la muchedumbre de sus bondades y voluntad. Cuando la sensación de incertidumbre a veces persistía, Su palabra y actos de amor siempre me aseguraban la relación de Padre-hija. Yo comprendí el plan de salvación a los veinte años cuando llevé mi bagaje a sus pies; pero nunca me había sentido una hija amada digna de ser perdonada. En ese tiempo, a finales del 2017, me hizo recordar que siempre sería su hija con un anillo que había llegado a mis manos de una manera inesperada.

Un día del 2014 llegando a la iglesia, saludaba a la gente que estaba entrando antes que comenzara el servicio dominical y, una mujer de mediana edad me dijo que buscaba a la esposa del pastor, entonces me presenté diciendo:

—Soy yo, Margarita, ¿en qué le puedo servir?

Y me respondió:

—Quiero entregarle este anillo. —Era oro de 18 quilates con una perla hermosísima montada—. Por agradecimiento a la consejería que el pastor nos dio a mi madre y a mí. Nos ayudó mucho y estamos tan agradecidas que solo con este anillo, valioso para la familia, podemos recompensarle.

Como te imaginarás, querido lector, ¡no supe qué decir! Así que solo di las gracias y le brindé mi sonrisa. Este suceso pasó de largo y no fue hasta el 2017, después del viaje a los Grandes Lagos, EE.UU. que resonó en mi alma que Dios me había hecho su hija desde hacía muchos años y, que me lo estaba recordando con ese anillo tan especial. Con ese anillo, Dios me hablaba del compromiso eterno de Padre. Primero me vistió de serenidad y amor en el crucero y, ahora me recordaba que me puso el anillo de hija redimida desde años atrás, y en su corazón desde siempre. Poner el anillo a un hijo es signo de perdón y dignidad. La historia del hijo pródigo cuando regresa a la casa del padre donde le vistieron de ropas nuevas y le dieron un anillo, nos muestra esa posición de hijo inquebrantable a los ojos de un padre. Este anillo lo uso solo cuando Dios me da la oportunidad de compartir en cualquier grupo de mujeres porque sé que Dios también les ha mostrado Su amor inquebrantable de muchas maneras. Solo tienen que traerlo a la consciencia después de aprender a verdaderamente mirar las flores, aves y su derredor y, por supuesto, al eterno Dios.

LA DIGNIDAD

Es muy buena oportunidad para abordar más ampliamente el significado de dignidad en cada persona. La Real Academia Española y Asociación de la Lengua Española (2014) definen la palabra como «cualidad de digno»[1] (del latín, grandeza). Significa el valor inherente del ser humano por el simple hecho de serlo, en cuanto ser racional, dotado de libertad. Es una característica *consustancial* del ser humano desde su nacimiento que merece ser respetada y validada por los otros seres humanos. El *honor y valor* de una persona radica en su *dignidad* como creación de Dios. Somos creados a la maravilla de su semejanza y que nos ha puesto por encima de la naturaleza, pero también se nos da la responsabilidad de administrarla. Por eso, el primer Artículo de los Derechos humanos refieren el derecho a la vida y el de ser tratados con dignidad. O como dijo mi papá, Moisés Chacón Rodríguez, que la dignidad es «el honor de la grandeza del alma».

Saberse digno debe ser una parte activa de nuestra personalidad, por ende, de nuestra autoestima porque es lo que nos hace sentir seres humanos y que tenemos un lugar en el universo.

---

1   REAL ACADEMIA ESPAÑOLA: Diccionario de la lengua española, 23.ª ed., [versión 23.3 en línea]. <https://dle.rae.es> 21 oct. 2020 10:41pm

No fue Dios sino el hombre que empezó a decir: «Te doy gracias, Señor, por no haberme creado mujer...» (parte de una oración judía matutina)[2]. Pero Jesús trató a la mujer de manera totalmente diferente. La mirada de Jesús fue una mirada dignificadora e inescudriñable en amor para con la mujer. Fue una mirada que incluía, que liberaba y que empoderaba, cambiando así la realidad de los que se acercaban a Él.

El doctor y escritor Lucas nos relata en su evangelio 13:10-17, la historia de una mujer con una joroba de ya hacía dieciocho años. Jesús estaba en el templo, donde las mujeres solo podían llegar a una parte limitada del lugar de adoración y nunca participaban ni podían dar lectura a la palabra en la sinagoga.

«El día de descanso, Jesús estaba enseñando en una de las sinagogas. Allí había una mujer que tenía un espíritu de enfermedad que la había tenido lisiada ya por dieciocho años. Andaba encorvada y no se podía enderezar nada. Cuando Jesús la vio, la llamó y le dijo:
—Mujer, quedas libre de tu enfermedad.

Entonces puso las manos sobre ella, y de inmediato ella se enderezó y empezó a alabar a Dios. El dirigente de la sinagoga se disgustó mucho…

—¡Hipócritas! ¿Acaso no desatan todos ustedes a su buey o a su burro en día de descanso para llevarlo a tomar agua? Esta mujer también es hija de Abraham, y por dieciocho años Satanás la ha atado a esta condición. ¿No se le debía desatar de esta atadura en día de descanso?

2   Israel Weekly Prayer, Dr. Eli Lizorkin-Eyzenberg, Gracias por no haberme hecho mujer, febrero 4, 2020 https://weekly.israelbiblecenter.com/es/gracias-por-no-haberme-hecho-mujer/ 21 oct. 2020 10:27 pm

Cuando dijo esto, todos los que estaban en su contra se avergonzaron, pero los demás se alegraron mucho por las cosas maravillosas que hacía.

Cuando Jesús la vio, la llamó y le dijo:

—Mujer, quedas libre de tu enfermedad.»

Jesús interrumpió su enseñanza, puso su atención en esta mujer y entonces la llamó hasta donde estaba. Ella tuvo que atravesar el área de donde estaban los hombres cuando la llamó, ya que no se les permitía a las mujeres en la de los hombres. Imaginemos la tensión que hubo al ver pasar a esta mujer con tremenda joroba hacia el lugar donde se encontraba Jesús enseñando. Era día de reposo y además Jesús la tocó: «entonces puso las manos sobre ella, y de inmediato ella se enderezó y empezó a alabar a Dios».

Y no sólo eso, cuando todos lo miraban disgustados por el milagro a esta mujer en el día de reposo, Jesús remata su audacia diciendo: «Esta mujer también es hija de Abraham».

Qué afrenta para estos hombres tan orgullosos de no haber sido *creados mujer*. Puedo cerrar mis ojos para mirar a una mujer libre de su mal y levantando su rostro con dignidad frente a todos los hombres que concurrían ese lugar en ese día de su libertad.

Querida amiga, esta palabra también es para ti. ¡Eres su hija amada! En Jesucristo tienes la mirada de dignidad que en ninguna otra circunstancia vas a llegar a experimentar. En esa mirada se encuentra todo el amor y poder del universo, con toda la empatía para comprender tu dolor y sufrimiento en tu situación. Su salvación es un regalo, solo hay que permitirle al corazón buscarle y recibir ese don con fe. En la ciencia hay una rama que estudia el mecanismo del cerebro en lo que se refiere a nuestros afectos llamada neurociencia afectiva, que asevera que una mirada empática y de comprensión de un ser humano a otro puede generar un cambio estructural desde el centro de nuestras células para que ocurran los milagros. La salud mental ahora también reconoce que somos seres espirituales y que cuidar nuestra espiritualidad es parte de nuestro bienestar holístico.

El médico Lucas describe tantos encuentros donde Jesús quiso brindar esa mirada de dignidad y amor a los más vulnerables de ese tiempo: pobres, despreciados y enfermos; un mundo muy parecido al que hoy tenemos por la falta de amor. Jesús cambió la desigualdad y opresión de esas personas por una vida con dignidad y significado, solo les pidió fe y que la declararan. Solo les pidió que miraran y creyeran al amor de Dios.

La dignidad es un valor que no puede comprarse o venderse porque es un regalo de Aquel que nos creó; es dada a todos sin excepción y, una forma de manifestar nuestra propia dignidad se refleja en la forma en que esta se recibe pero, sobre todo, en la forma que se reconoce la del otro ser humano. Todos, absolutamente todos, tenemos ese llamado de saber cuán dignos somos y, a brindar ese respeto a la dignidad de los otros.

AUTOCONOCIMIENTO

El autoconocimiento es lo que revelará de qué adolecemos y también es una forma con la que Dios repara nuestra dignidad y consuela nuestro sufrimiento. El proceso de autoconocernos nos da herramientas para que traigamos sanidad física y emocional a nuestra vida. Parte del autoconocimiento es recobrar nuestra identidad que cubriremos en el próximo capítulo, donde depurar el dolor, validar y trabajar nuestras emociones en un contexto seguro, donde recobrar las buenas memorias, la memoria maestra y la resiliencia, así como dejar la emoción de indignación aflorar, son necesarias para defender nuestra integridad física, mental, emocional y espiritual.

El autoconocimiento requiere meramente:

• **Autorreflexión:**
La reflexión más valiosa involucra la consideración consciente y el análisis de creencias y acciones con el propósito de aprender[3].
• **Desaprender creencias erróneas:**
Aceptar la crítica cuando nos retroalimentan acerca de nuestras acciones o creencias; y seguir el proceso de reemplazo de creencias.
• **Adoptar valores:**
Nuevos valores que ayudarán a crecer y a dar lo mejor de nosotros mismos. Personalmente, yo tuve que retomar el valor de la vida y empezar a capacitarme en cómo trabajar para darle a los niños un ambiente de bienestar.

ASERTIVIDAD

Esta palabra fue la que más me empoderaba al ponerla en práctica desde este viaje del 2017. Finalmente empezaba a decir «no» cuando no se requería mi «sí». Todo empezó con mi trabajo. Damos recordatorios y tenemos que mantenernos en un plan para el día, como lo es en su comida, rutina, etc.

3   Jennifer Porter, Inteligencia Emocional, Autoconciencia Harvard Business Review Press Ed. Reverté, S.A. 2019 pp. 79-80

Por lo que se tiene que aplicar el «no» y la consistencia. Y luego aprendí lo beneficioso de la asertividad. Es increíble el hecho que hay personas que se desgastan, enferman y sufren por el simple hecho de no saber decir un claro y rotundo «no» cuando es necesario. Solo que se tiene que decir en la manera apropiada, como estando en el medio: ni agresivamente, ni sumisamente. Desde ese centro se mira a los ojos con seguridad y se dice el «no», si así lo queremos. Incluso este «no» aprendido se puede usar con uno mismo al rechazar la tristeza o alguna conducta que previamente se ha querido cambiar. El «no» a uno mismo ayudará en el adoptar nuevos valores y a desaprender lo que se identificó como una creencia errónea.

La experiencia espiritual, sanadora y dignificadora del Lago Huron solo fue el principio para envolverme más en el aprendizaje sobre la prevención de violencia, el de estudiar sobre la inteligencia emocional y abrirme más a los recursos que ayudan a la mujer a recuperar su identidad, amor propio y, por último, a proponerse nuevas metas. La mirada de Dios como belleza de lago sobre mi vida me ayudó a mirar de frente mi mañana con una nueva valentía y con una conciencia más clara de la dignidad como ser humano y, a extender esa mirada de Dios como Padre incondicional y amoroso a cada persona de mi microcosmos. El canto de Su amor, Su mirada de emoción y su abrazo de perdón me guió a la verdad de una libertad personal que a su vez influenciará, o será parte como un granito de arena, para la liberación de los más necesitados en la sociedad. Porque la probabilidad de que el mundo mejore es más grande si yo me transformo en mi mejor versión.

Capítulo 5

UNA MIRADA DIGNIFICADORA

«Solo desde una calma interna,
el hombre fue capaz de descubrir y formar
entornos tranquilos.»

Stephen Gardiner

Quisiera compartirte algunos aspectos importantes sobre cómo la violencia también victimiza tu vida. Solo una mirada de redención llena de dignidad y de amor puede ser tu salvación de este infierno de la violencia. La neurociencia actualmente puede medir la actividad cerebral en cuanto a las emociones y la violencia. Encontramos documentos públicos de gran ayuda para aprender cómo podemos frenar la violencia. Uno de estos documentos bastante útiles ya mencionado antes es el de La Neurociencia de la Violencia y de la Cotidianidad de Eduardo Calixto González, Médico cirujano por la Universidad Nacional Autónoma de México (UNAM). Especialista en Neurofisiología:

Primero hay aspectos biológicos. Los expertos de la neurociencia en cuanto a la violencia han divulgado ya que hay aspectos estructurales que predisponen primordialmente al hombre a ejercer violencia. Toda acción o conducta es determinada por nuestro cerebro. Desde la amígdala reaccionamos en base a las interpretaciones que se hacen en base al miedo y las creencias adoptadas, principalmente en los años de la pre adolescencia. Una amígdala cerebral disparada inhibe la acción de mando de la corteza prefrontal de nuestro cerebro (área de la frente). Esto también disminuye la capacidad de recordar desde el hipocampo la relación que se tiene con quienes se está lastimando, ya que muy comúnmente se lastima más a quienes decimos amar. Y hay mayormente agresores masculinos porque su amígdala tiene una mayor capacidad de respuesta en un 75 % en comparación a las mujeres. Y el hipocampo disminuye su capacidad porque el estrés de la violencia ejecutada sostenidamente, inhibiendo también la acción de la corteza prefrontal, donde se podría reflexionar y evitar actuar con violencia. El hipocampo en el hombre es un 25-30 % más chico en comparación al tamaño y eficiencia en la mujer.

Lo adictivo de los actos violentos radica en que segregan tantas hormonas, entre las más importantes: la adrenalina, que lo hacen sentir poderoso y satisfecho. Es un estado de irracionalidad por el uso del cerebro más antiguo o reptiliano y, de la inhibición de la función crítica del cerebro ejecutivo. Por eso un cerebro no tratado desde la terapia, la reflexión y responsabilidad hace víctima al agresor de comportamientos perpetradores de la violencia.

Segundo, se sabe que la violencia es una conducta aprendida. Los comportamientos violentos cambian el cerebro de los niños especialmente de los ocho a los catorce años. Se empieza a interpretar su entorno subjetivamente dependiendo de su estado neuroquímico; su apreciación no es real como en un 75 %. Y le agregamos la creencia cultural que debe competir, ganar y ser el más fuerte sobre otros hombres y mujeres.[1] Se debiera hacer un trabajo juicioso de

---

1   http://www.pjedomex.gob.mx/ejem/cid/exlegibus7/neurociencia7.pdf Neurociencia de la Violencia Eduardo Calixto Gonzalez 11

las experiencias de la persona agresora, preguntarse sobre sus miedos y, a lo que él mismo ha tenido que sobrevivir a otras conductas violentas de su entorno incluyendo el *bullying* escolar. Sin una intervención a fondo a estas creencias se heredarán o perpetrarán a las siguientes generaciones. La violencia no solo ha victimizado su pensamiento y conducta sino sus genes, su descendencia, su nombre y honor.

En tercer lugar, se tiene la creencia de dominar al otro o a los otros. No querer el bien o posición de igualdad de la mujer es falso. No se necesita dominar, violentar y despreciar a otros para afirmar su hombría o poder femenino y valía. Es mentira que mostrar emociones nos pone en desventaja frente a otros. Hacer todo por, o controlar todo en otra persona no nos hace más responsables o protectores. *The Harvard Review Press* publicó un pequeño libro sobre el tema: Inteligencia Emocional – Autoconciencia (2019), y describe un estudio de investigación con 3,600 hombres líderes de diferentes contextos, el mismo concluye con las palabras del profesor James O'Toole: «a medida que el poder se incrementa, nuestra disposición para escuchar disminuye, ya sea porque creemos que sabemos más que nuestros empleados, o porque creemos que buscar retroalimentación (feedback)»[2]. El falso poder es un mal que desprecia, daña, insulta, incluso mata. Sin embargo, el verdadero poder nos hace responsables y nos pide ser mejores cada vez. Es una exigencia de ética y de bien. Es la realización de que nuestro propósito por la vida es proteger, enseñar, andar en amor y, no el de poseer.

Oct., 2020 2:00pm
2   Harvard Business Review Press, Inteligencia Emocional-Auto-conciencia Ed. Reverté, S.A., 2019 pg.24

LA DIGNIDAD PUEDE REDIMIR AL AGRESOR

Jesús mantuvo su dignidad al atravesar violencia cuando fue crucificado. Jesús es el referente más claro de que los agresores son redimibles cuando así lo deciden. Él pronunció: «Padre, perdónales porque no saben lo que hacen»[3]. Y sin entrar a discusiones teológicas, me atrevo a decir que lo dijo para todos, «por cuanto todos cometemos errores» . Una verdad para toda persona con conciencia espiritual de sí misma. No se pierde la dignidad, pero nos separa de nuestra esencia divina de todo amor y verdadero poder. Siempre habrá espacio para tomar responsabilidad de los propios actos y para reparar los daños. Pero eso nunca nos debe eximir de las consecuencias con la ley o la pérdida de las relaciones y personas por el daño hecho. Proverbios y muchos pensadores nos hablan de que la violencia no debe ser permitida: «Quien no controla su enojo, pagará por ello; ayudarlo es estimularlo a repetir el error»[4].

Para Gandhi, la mayor fuerza que la humanidad tiene a su disposición es la no violencia porque la compara como el arma de destrucción más poderosa que el ingenio del hombre haya concebido. Y cómo no, si el estado de paz interno garantiza la destrucción del «yo» narcisista para el nacimiento del «nosotros» en la armonía de dignidad y amor. Así fue el sacrificio del Hijo del Omnipotente y Eterno Dios, que se despojó de su gloria y se entregó para reconciliar al ser humano con su Creador. También veamos el ejemplo del deseo ferviente del pensador y pacifista Mahatma Gandhi cuando dijo: «Quisiera sufrir todas las humillaciones, todas

---

3   Romanos 3:23 La Biblia Hispanoamericana (BHTI)
4   Proverbios 19:19 Traducción, Palabra de Dios para todos
(PDT)

las torturas, el ostracismo absoluto y hasta la muerte, para impedir la violencia». Por lo que hizo Jesús es histórico, puso su vida para que no viviéramos en la violencia sino en el poder de su Espíritu.

Ambos, agresores y sobrevivientes, deben empezar el retorno a su autoconciencia, a su capacidad de brindar amor y a su espíritu empoderado por el poder divino del Creador. Se nos ha dado un espíritu de poder, de amor y dominio propio. Nuestra parte es descubrirlo desde el autoconocimiento y autoconciencia. El autoconocimiento es el conjunto de experiencias y de creencias, incluso las falsas, por donde hemos transitado. Y la autoconciencia es la capacidad de vernos correlacionados con otros, en igualdad de derechos y responsabilidades, el entorno y, la disposición de hacer bien y de influenciar positivamente con los nuevos valores y pensamientos adoptados. No solo es un cambio de conducta sino una transformación desde el interior conquistando la turbulencia del mal y logrando el equilibrio mental y emocional, y, por ende, relacional y social.

HERRAMIENTAS

1. Posiciónate de tu dignidad y de tu esencia divina

Decía Facundo Cabral «que en una eternidad siempre se puede empezar de nuevo y que el paraíso no está perdido, sino olvidado». Todo ser tiene una trascendencia eterna, la lucha es retomar la esencia divina, la dignidad como creación de Dios, hecho a semejanza del Creador. Tu trabajo es recuperar y resguardar esta honorabilidad haciéndole la batalla al «yo» al egoísmo y la misma violencia de su mente.

- Obsérvate.
- Anota las veces que hay conflictos.
- Describe en papel tus palabras y acciones.
- Pregúntate si fueron amables, honestas o justas.
- Responde: ¿Quieres continuar con ese comportamiento agresivo, indiferente, indolente, denigrante?
- Si es el momento, *da un salto* y pásate al lado del ser humano que es honorable y capaz de sentir amor para dominar su naturaleza egocéntrica y dominante.

2. Combate la violencia desaprendiendo creencias falsas

La disponibilidad de aprender sobre este tema de la violencia tan apremiante revela una alta inteligencia y, la actitud enseñable es necesaria para desaprender lo que no es funcional, lo que no sirve para construir.

Cuando somos adultos y nos damos cuenta de que tenemos una creencia equivocada lo más sensato es tomar responsabilidad personal y, hacer lo necesario para desaprenderla. Recurrir por ayuda a programas de temas de la nueva masculinidad y también, atreverse a indagar las formas en que la violencia se implantó y que trauma dejo por la vía de terapia conductual por un profesional en el campo de la terapia psicológica cognitivo conductual.

Toma la analogía del águila cuando llega el tiempo de su renovación por medio de un proceso doloroso, golpea su pico y su cuerpo contra las rocas. Ya con su naciente pico y plumas está nuevamente lista para volar en dirección al sol sin ningún problema. La única en su especie que puede buscar el calor de esa manera que la prepara para poner «en alto su nido»[5] entre las rocas de las montañas para alejar a los depredadores y así garantizar la supervivencia de sus polluelos. Tu espiritualidad es la fuerza que te guiará y tu

---

5   Job 39:27-28

fe puesta en la luminosidad *sol de justicia*[6] te mantendrá confiado. Tu fuerza se expresará en el perdón como el águila soporta 70 veces su propio peso.

3. Adopta valores que construyen

Dibuja un círculo en los valores que más llamen tu atención y que serían útiles para mejorar tu carácter. No te conformes a los viejos pensamientos creando creencias nuevas y justas.

Aceptación	Acompañamiento	Admiración
Afecto	Agradecimiento	Amabilidad
Armonía	Benevolencia	Bondad
Cariño	Cercanía	Compasión
Comprensión	Compromiso	Condolencia
Confianza	Consideración	Consolación
Cordialidad	Correspondencia	Coherencia
Cuidado	Dulzura	Empatía
Enamoramiento	Entereza	Estima
Fortaleza	Fuerza	Generosidad
Gratitud	Heroísmo	Honestidad
Honorabilidad	Humildad	Integridad
Interés	Intimidad	Introspección
Justicia	Paciencia	Paz
Pertenencia	Receptividad	Reflexión
Respeto	Seguridad	Sensibilidad
Serenidad	Simpatía	Solidaridad
Soledad	Templanza	Transparencia
Tenacidad	Tolerancia	Unidad
Valor		

---

6   Malaquías 4:2, En cambio, para ustedes, los que respetan mi nombre, brillará el sol de la justicia que los sanará con su calor, y saldrán libremente saltando como terneros sanos. Palabra de Dios para todos (PDT)

4. Siempre, siempre reflexiona en la ternura

Solo de las profundidades del alma y del espíritu se llega a experimentar la paz. Mientras el mar se agita en la superficie, la calma y serenidad se encuentra en la profundidad. La única manera de llegar a la profundidad del ser es acallando la mente a través de la atención plena. Escoge el corazón y experimentarás que el espíritu de amor te pondrá una ternura inimaginable de sentir.

«Decía Oscar Wilde que en el arte como en el amor es la ternura lo que da la fuerza. Mahatma Gandhi apuntaba en la misma dirección cuando decía que un cobarde es incapaz de mostrar amor. Y así es: paradójicamente, la ternura no es blanda, sino fuerte, firme y audaz, porque se muestra sin barreras, sin miedo. Es más, no sólo la ternura puede leerse como un acto de coraje, sino también de voluntad para mantener y reforzar el vínculo de una relación. La ternura hace fuerte el amor y enciende la chispa de la alegría en la adversidad. Gracias a ella, toda relación deviene más profunda y duradera porque su expresión no es más que un síntoma del deseo de que el otro esté bien.»[7]

La ternura es flexible pero resistente. Es suave y refrescante como la brisa y el agua. Finalmente, es un perfume cíclico, emana y se evapora, por lo tanto, de valor eterno. El perfume de una flor única y rara que puede dar un perfume eternamente.

5. Ten a la espiritualidad de tu lado, practicando la humildad y desechando la soberbia

El mismo hijo de Dios se hizo humilde a la vida humana, se hizo vulnerable, pero cumplió su propósito de repensar la

---

7   El valor de la ternura https://elpais.com/diario/2006/03/19/eps/1142753227_850215.html 19 de marzo de 2006
Junio 13, 2020 6:50 pm

persona del Padre, su amor y justicia. Un corazón sin humildad es soberbio, manipulador, prepotente y con tendencia a la violencia. La grandeza viene de un gran espíritu guiado por el gran Espíritu. Plasma en lo más profundo de tu ser que Dios te dio un espíritu de poder, de amor y dominio propio.

6. Conoce y cuida tu cerebro

Detrás de cualquier violencia está el miedo y la necesidad afectiva. También una habituación de haber sido expuesto a circunstancias agresivas y recurrentes durante la niñez y la adolescencia. Una ponencia académica sostiene que la «violencia genera cerebros violentos que dejan cambios anatómicos que van a permitir que a lo largo de la vida se perpetúe esto a la siguiente generación»[8]. Sin embargo, cuando una persona trabaja en su autoconocimiento y autoconciencia —y, además, hace todo lo posible para reparar su conducta y acciones— su cerebro puede generar una nueva plasticidad y conexiones que detendrá el daño a las siguientes generaciones. Es simplemente es hacer lo necesario para arreglar el desorden del cerebro y así, reparar nuestros pensamientos y desde ahí construir ya no desde la inconsciencia o necedad, sino desde un corazón y mentalidad impregnadas de sabiduría. Por eso se necesita recurrir a los expertos en psicoterapia y neurociencia para regenerar la estructura cerebral y aprender a dirigirla. Y la mejor manera será aprendiendo a calmar la amígdala cerebral. Daniel Goleman, psicólogo, periodista y escritor estadounidense, el precursor de la inteligencia emocional nos ayuda en este sentido:

a) Obsérvate cuando te encuentres en un estado emocional intenso. Determina que te dispara la agresión y simplemente para antes que las emociones te *secuestren*.

---

8   https://www.youtube.com/watch?v=e3_MZ1obgwI&t=1975s
Neurobiologia de la Violencia, INPRFM, 20 Julio 3:35 pm

b) Encuentra un modelo de paz y armonía. Observa y pregúntate cómo hace ese modelo para trabajar su impulsividad cuando se encuentra emocionalmente comprometido.

c) Conoce tu cuerpo, si hay sudoración, falta de aire, si las mandíbulas están tensas, etc. Estar consciente de estas reacciones del cuerpo y parar, evitará que se llegue al *secuestro por la amígdala* que produce la agresión.

d) Parar consiste en detenerte, contar hasta diez o más, respirar profundamente, esperar por lo menos 25 minutos para calmar la amígdala. Es un ejercicio de autocontrol y de dominio de uno mismo.

e) Sé paciente y persistente. No porque fallaste en los primeros intentos dejarás de tratar una y mil veces más. Siendo paciente y comprensivo contigo mismo en este gestionar emocional te preparará para extender tu comprensión hacia los demás. Necesitarás buscar ayuda y apoyo de otros hombres como son los círculos de reflexión sobre masculinidades. Estos traerán respuestas a muchas interrogantes y te guiarán al autoconocimiento.

7. Acepta tu responsabilidad en todo, prepárate para el proceso de reparación y adáptate a las consecuencias
Esta parte del proceso personal se da por sinergia o por ósmosis, es decir, al reparar el cerebro, por consecuencia natural se repara el entorno.

No siempre se arreglarán las cosas a tu favor ya que los otros también importan. Pero si haces el bien, este regresará a ti. Cuando se repara es necesario la cooperación y la colaboración no sólo procurando en el interés personal, sino en el interés común.

Belleza de lago es una invitación a la autorreflexión hasta lograr ver y adoptar ese ser humano lleno de amor y dignidad con que fue creado; el ser humano que en un principio de su existencia vivió en donde la armonía y la seguridad reinaban. Tu embrión muy seguramente vieron los ojos del Creador ahí en la seguridad de la placenta y líquido amniótico; como el salmista expresó:

«*Veían tus ojos cómo me formaba, en tu libro estaba todo escrito; estaban ya trazados mis días.*»[9]

Recuerda que en ese lago de bienestar aún se encuentra la mirada de Dios por ti. Dios te bendiga en todo tu caminar.

---

9   Salmo 139:16 La Palabra España (BLP)

Capítulo 6

RECUPERAR MEMORIAS PARA RECONOCER LA IDENTIDAD

«El respeto y la dignidad se llevan a todos lados.»

Alma Rivera

LA INDIGNACIÓN Y LA NOCIÓN DE LA DIGNIDAD

La persona agredida necesita reconocer que ha sido vulnerada y maltratada; y para hacerlo, es necesario dar lugar al enojo y la indignación. Es un explorar, decir: «hasta aquí» desde lo más profundo de su ser.

Según la Real Academia Española (RAE), indignación proviene del latín *indignatio* que es enojo, ira o «enfado vehemente» contra una persona o contra sus acciones.[1] Se agrega también que la indignación suele ser una reacción espontánea contra algo que se considera inaceptable. La indignación es un mecanismo de sobrevivencia, es una emoción tan intensa que da la fuerza necesaria para poner límites en nuestra defensa. El sentir indignación nos ayudará a defender nuestra dignidad y valor como persona y, para

---

1   REAL ACADEMIA ESPAÑOLA: Diccionario de la lengua española, 23.ª ed., [versión 23.3 en línea]. <https://dle.rae.es> 25 oct., 2020 5:56

defender los derechos de los demás. Esta es la etapa decisiva para propiciar una crisis y decidirse a hacer frente a la violencia. No hay ni habrá otro estado de fuerza, energía y valentía como cuando se experimenta la indignación. Se llega a la conciencia que la esencia del ser, de nuestro ser, es maltratado, no es apreciado y que es injusto lo que se está viviendo. No se quiere volver al ciclo de violencia y es entonces que tienes el poder de empezar a decir «no». El desafío entonces es de reconocer de nuevo la dignidad propia y para esto se emprende un viaje de autoconocimiento al cual llamo: recuperar memorias para reconocer identidad.

RECUPERAR LA IDENTIDAD

Uno de los primeros elementos necesarios para transformar nuestro presente, si experimentamos cualquier forma de violencia, es recuperar nuestra identidad. Cuando recuperamos memorias –sean estas positivas o dolorosas— nos encontramos con las emociones que vivimos en nuestros años de desarrollo, y también nos recuperamos a nosotros mismos. Es decir, volvemos a reconocer quién éramos entonces y traemos nuestra verdadera identidad al presente. Necesaria para liderar con toda situación difícil aun si fuera de violencia. Muy seguramente encontraremos al niño o niña valiente, resiliente, bondadoso, inteligente y creativo que olvidamos y que necesitamos en el presente.

Para recuperar memorias necesitamos básicamente dos cosas: emociones (experimentadas en nuestra amígdala cerebral) y el hipocampo. Las emociones presentes nos conectan al hipocampo, en nuestro cerebro, encargado de acceder a nuestras memorias. Así que es importante conocer las emociones recurrentes como la tristeza que nos habla del sufrimiento. Ésta está latente en el subconsciente y nos hace sentir tristes, sin ánimo, depresivos, ansiosos, con rabia, etc.

VAMOS A LAS EMOCIONES
DE NUESTRO PRINCIPIO

Las emociones en el estado embrional:
- ¿Nuestra gestación fue estable?
- ¿Nos transmitieron alegría o tristeza?
- ¿Nos hicieron sentir estrés, rechazo o bienestar?

Todo lo que siente y piensa la madre se transmite a través de neurohormonas por la placenta. La madre segrega hormonas y neurotransmisores que la placenta los transfiere al bebé en gestación. Y todo eso se almacena en la memoria a largo plazo y, es el hipocampo el que tiene acceso a dichas memorias cuando hacemos consciente donde se originaron ciertas emociones recurrentes. Todo estrés, de un momento o de manera sostenida, las experiencias traumáticas o de tristeza que recibió la madre, lo absorbió tu formación en el útero.

El doctor Thomas Verny, experto en la psicología prenatal y co autor de *La vida secreta del niño antes de nacer*, explica en sus conferencias lo que ha investigado de la vida desde la concepción hasta el nacimiento. Sus estudios han demostrado que la vida uterina brinda al bebé de un *radar* emocional que afecta todo su desarrollo de órganos en formación, especialmente su cerebro[2]. Él enseña que un alto y recurrente estrés en la vida de la madre son como un ambiente contaminado por pesticidas y químicos; y las conductas de

2   Espacio Perinatal, Liliana M. Lund, Conferencia Desarrollo Emocional Pre y Perinatal, Dr. Thomas Verny (2016). https://www.espacioperinatal.com/dr-verny-desarrollo-emocional-pre-perinatal/ 1 nov, 2020 1:45 pm.

riesgo ,como son el consumo de alcohol, cigarrillo y drogas, así como la ansiedad y la depresión, afectan el desarrollo físico y emocional del bebé, durante la formación pre y perinatal en el embarazo y después del nacimiento. Se conoce que esto afecta especialmente el desarrollo del cerebelo, encargado del equilibrio físico y emocional y, el desarrollo de la amígdala en los hombres, haciéndolos predispuestos a ser más hostiles y agresivos.

Hay muchos estudios que afirman que lo que vive y siente una madre afecta no solo a sus emociones, sino al bebé en gestación, y también se queda esa información psicoemocional en los óvulos que están en los ovarios del bebé, si es mujer. Así que todo lo que pasamos en el vientre de nuestra madre no solo pasó a nuestras emociones, a nuestra futura amígdala e hipocampo (memorias), sino también a las de los futuros bebés.

Los neonatos, además de sentir las emociones de tristeza, alegría, estrés, rabia o angustia de la madre también empiezan a reconocer el sabor de los alimentos y, mucho muy temprano a reconocer sonidos del llanto de la madre y ruidos del exterior. Por ejemplo, se ha sabido que los hijos reconocen la voz del padre tanto que cuando aún no se adaptan a su nacimiento, si lloran, reconocen la voz del padre que les consuela.

Personalmente dejé de sentir vergüenza que me miraran, o más bien, estoy consciente de dónde se originó, cuando supe la emoción que mi mamá sentía en sus embarazos. Por alguna razón, mi mamá aun casada, sentía vergüenza que la vieran embarazada. Al saberlo, me propuse saludar primero a las personas, mirar a los ojos y no sentirme menos e incómoda cada vez que me encontrara en lugares nuevos y con gente desconocida.

El psiquiatra canadiense anteriormente mencionado, Thomas Verny, experto en el desarrollo intrauterino, dice que: «El periodo prenatal es el más importante de toda la vida», será porque es el lugar más seguro y de amor que el ser humano puede encontrar en su experiencia física-humana. Conociendo las emociones que experimentamos cuando nuestra madre nos llevaba en su vientre comprenderemos las nuestras, las aceptaremos y las mejoraremos.

DEPURA EL DOLOR

Independientemente de que las emociones negativas existan o estén más recurrentes en nuestra gestación o primeros años, la buena noticia es que el cerebro tiene la capacidad de seleccionar nuestras memorias. Cuando ya somos conscientes de que la pasamos mal en ciertas circunstancias, y hemos validado esas emociones de nuestro dolor, rechazo, sufrimiento o pérdidas, es nuestra oportunidad para echar mano del maravilloso recurso que nos dio nuestro Creador: nuestro cerebro. Que antes se creía que todas morían las neuronas y no se regeneraban, pero ahora se sabe que no solo se pueden generar más, sino que puede crear una nueva sinapsis entre ellas. "Este proceso de producción lo conocemos como neurogénesis adulta, sólo ocurre en unas pocas regiones del cerebro. Entre ellas el hipocampo, una región especializada en procesos de memoria y aprendizaje."[3] Es decir, nuevas conexiones, nuevos caminos que dan lugar a nuevos pensamientos porque se ha localizado un *engrama* positivo; "Entendemos por engramas a las huellas cerebrales

3   The Conversation, Jorge V. Gomez-Lobo y Amanda Sierra, El límite entre la vida y la muerte en las neuronas, February 20, 2020 4.30pm https://theconversation.com/el-limite-entre-la-vida-y-la-muerte-en-las-neuronas-130931 01 nov., 2020 12:18 pm

que nos dejan cada una de nuestras experiencias."⁴ por lo tanto, nuevas y mejores creencias de nosotros mismos y de nuestras circunstancias, resultando en una nueva percepción de nuestra niñez y circunstancia actual. A todos nos resulta más fácil y, no requiere esfuerzo, el recordar los sucesos traumáticos, por eso se requiere voluntad y esfuerzo para recordar lo positivo porque es más complejo. Para mí es un proceso de depurar el dolor primero para luego recuperar las buenas memorias.

Así que es muy importante gestionar el dolor o trabajar las emociones de tristeza, de infelicidad, y de temor para comprender y aceptar lo que vivimos, pero igual de importante es el de recuperar las buenas memorias e intencionalmente seleccionarlas. Si las recuperamos generaran en nosotros estados de ánimo más positivos. A esto se le conoce como tener una memoria selectiva. Estas buenas memorias nos ayudan a hacernos conscientes de las partes importantes y positivas de nuestra identidad como son la resiliencia, la capacidad de adaptarnos, la habilidad de aprender nuevas cosas, la persistencia, y la confianza en nosotros mismos y en el mundo que nos rodea y, ultimadamente, el lado espiritual que muchos adultos y jóvenes pierden con los años.

En mi experiencia al recuperar mis mejores memorias he encontrado una frase que uso mucho y que la encontré desde mi interior: «Disfruta tu día, comparte lo mejor de ti».

¿Qué tiene que ver el reconocer nuestra identidad mediante el recuperar las buenas memorias? La violencia doméstica no sólo trastoca la identidad de la persona agredida, sino también su autoestima, su capacidad de

4   La Mente es Maravillosa, Psic. Valeria Sabater, Engramas: Las marcas de la experiencia en nuestro cerebro, 08 feb., 2018 https://lamenteesmaravillosa.com/engramas-las-marcas-de-la-experiencia-en-nuestro-cerebro/ 01 nov., 2020 12:45 pm

emprender y relacionarse. En pocas palabras, la víctima se ha olvidado de su valor y dignidad; no los ha perdido, pero sí olvidado.

Se necesita recuperarse a sí mismo cuando se ha aislado en el círculo de la violencia. Es decir, no hay otras interacciones de la persona agredida fuera de su entorno con el que comparte con el agresor. No amigos, no reuniones familiares, no reuniones sociales, metas y proyectos truncados o saboteados por la tensión de la relación. ¿Y qué si tuvimos una niñez donde nos violentaron los padres, hermanos u otras personas cercanas? Son precisamente esas experiencias que van a recordar al adulto del presente la capacidad de afrontar lo difícil, con herramientas como no perder la capacidad de disfrutar, de ser enseñable, de ser una persona industriosa o creativa como lo es un escolar de siete a once años. Por eso, es imperante que la persona victimizada desde la niñez tenga un lugar seguro como un grupo de apoyo y terapeuta para recurrir allí cuantas veces sea necesario. Sorpresivamente se dará cuenta que es y ha sido sorprendentemente hábil para superar todo desde la niñez.

RECUERDA LAS MEMORIAS MÁS AGRADABLES

Ve hacia tus recuerdos y encuentra las memorias más gratas. Como el niño judío o refugiado huérfano que, en medio de las bombas, escombros, sangre, muerte, hambre, sed y dolor, recibe un par de zapatos en un día de cumpleaños. Los voluntarios en su comunidad le entregan una caja desgastada; ese día tiene hambre y su ropa es vieja y sucia. La caja contiene unos zapatos muy deseados por este pequeño. Al verlos responde con una sonrisa inmensa y los abraza con gran entusiasmo y amor. Entonces mira su alrededor y no ve la guerra o muerte, porque es más ponderosa la alegría del momento de abrazar sus zapatos nuevos y las palabras de amor de su madre fallecida. Lo tenebroso de la guerra y la pérdida de sus padres es grande, pero no perdió la alegría de disfrutar un buen momento, agradecer el regalo de los voluntarios, de decirse a sus adentros: «Le importo a alguien; miraré hacia adelante, gracias, Dios».

Son estos momentos únicos y transformadores en que Dios nos susurra:

«No teman, estén firmes y vean la salvación que el Señor hará hoy por ustedes.»

Éxodo 14: 13a (NBLA). Instantes como éste son en los que la existencia presente debe apoyarse y, que nos inyectan Esperanza hacia nuestro futuro o situación de crisis.

RECUERDA TU RESILIENCIA

Imaginemos a un grupo de niños de ocho a diez años vestidos con pantalones cortos color beige o negros, calcetines blancos y zapatos negros tipo botines. Están tocando el timbre de las casas del vecindario. Son tres o cuatro. Ellos se esconden, van hacia la casa elegida y, a uno de ellos le toca presionar el timbre, los demás corren primero, mientras al niño en turno toca el timbre dos veces.

Si preguntáramos a alguna persona por ese recuerdo, volvería a sentir alegría, gozo, agilidad, amistad (amor), mucha, mucha adrenalina, y una pizca de nostalgia en su amígdala cerebral. Todas estas emociones nos garantizarán que saldremos del círculo de la violencia, porque estas nos impulsarán hacia adelante hasta lograr la libertad. Y, además, el rostro reflejará felicidad y destellos de luz en la mirada que hablarán de una sensación de identidad y honorabilidad.

Recordar memorias buenas y felices es de lo que más alegría y ánimo nos trae al presente porque se recuerda a un/a pequeño/a con la capacidad de reír, correr, saltar y de vivir con intensidad no importando las circunstancias. Se recuerda que una vez se fue resiliente, con la capacidad de recuperarse ante las situaciones dolorosas.

Al echar mano intencionalmente de una memoria así, volverla a revivir tiene el poder para cambiar un estado de ánimo triste, sin esperanza a uno más resiliente, más mesurado y positivo, que sin haberla recordado.

Para ser resiliente no se necesita hacer desaparecer la dificultad, sino el conservar la capacidad de responder con la seguridad que el mal momento pasará porque se han tenido los buenos y, estos volverán. Resiliente viene de la flexibilidad de un resorte o metal con la habilidad de recuperarse al ser manipulado y aún más, de volverse más resistente. Es como el gozo y la longanimidad que nos recomiendan las cartas del Nuevo Testamento.

Esto hará que recuperemos confianza, determinación de buscar la mejor solución y la paciencia de atravesar la dificultad. Todo esto enriquece así nuestra identidad y nos recuerda que somos dignos. Según el neuropsiquiatra y profesor de la Universidad de Tolón, además un experto en el tema de la resiliencia, Boris Cyrulnik, la situación presente no es la responsable de nuestro miedo o ansiedad, sino lo que pasamos en nuestros primeros años. Entre menos segura sea nuestra primera infancia menos es nuestra capacidad de resiliencia[5]. Sin embargo, a cualquier edad podemos seguirla construyendo. La resiliencia se puede seguir trabajando, sabiendo que se está seguro y, lograr grandes resultados: reflexionar y compartir con alguien seguro nuestro dolor y experiencias adversas. Lo más importante es no quedarse callado y no pasar solos el dolor ni el sufrimiento. El apoyo afectivo en medio de las adversidades es la clave para desarrollar la resiliencia.

¿Sabías que para superar una crisis siendo resiliente se determina cuánto amor, aceptación y seguridad hemos recibido siendo niños? Cyrulnik, sobreviviente al exterminio en los campos de concentración nazi, dice que la capacidad del ser humano para reponerse al dolor de las tragedias radica en que ese niño o niña no haya sido aislado emocionalmente o herido en sus primeros años. Al saber que no se estaba solo y desvalido cuando era un niño, que era amado y protegido antes de una tragedia, le fue mucho más sencillo superar las tragedias, en comparación a una persona que haya pasado cualquier tipo de abuso o vulnerabilidad durante su desarrollo. En su libro *El amor que nos cura*, habla de esa capacidad del ser humano para reponerse del dolor. La definición más sencilla, según el Dr. Boris es la siguiente: «la reanudación de un desarrollo después de una agonía física, es decir, cuando hay un traumatismo… la mayoría de nosotros recupera la capacidad de vivir con momentos felices y momentos difíciles»[6].

---

5   Dr. Boris Cyrulnik Aprendamos Juntos, "Resiliencia: el dolor es inevitable, el sufrimiento es inevitable." Dic.10, 2018 https://www.youtube.com/watch?v=_IugzPwpsyY marzo de 2021
6   Dr. Boris Cyrulnik conferencia en México, Diálogos trans-disciplinarios sobre la complejidad humana Oct 23, 2015 https://www.youtube.com/watch?v=leHaRSRCB5M&feature=youtu.be&fbclid=I-wAR2ph06IEI9p_hCr1mkkAp3MyPCaSa5Om5M-n06UyKwFX0qCU-Ws10Krh7nA

Es hasta que hagamos un hábito el recordar intencionalmente los buenos recuerdos —*los cuales fueron originados por el amor y la providencia de Dios*— sobre los negativos, es que podemos creer en Su promesa de ayudarnos en el presente, sin importar cuán difícil sea. Podemos entonces apropiarnos de la Escritura: «Otra vez abriré camino en el desierto y ríos en la soledad»[7].

RECUPERA TU ESPIRITUALIDAD

Muchos nos encontraremos con el niño espiritual, aquel que confiaba y oraba si tenía miedo o se encontraba en aprietos. Esto me recuerda cuando tenía doce años y mi hermano, Gabriel, diez. Éramos muy distintos. Él, inquieto y juguetón y, yo tímida, reflexiva y con poca paciencia. Me molestaba lo arriesgado y aventurero que era mi hermano. Hasta que, en un incendio, mi hermano se quemó. Sufrió quemaduras de segundo y tercer grado. Yo acompañaba a mi mamá al hospital infantil que quedaba, gracias a Dios, a menos de un kilómetro de donde sucedió. Entramos al hospital y a lo lejos llevaban a mi querido hermano en la camilla, cubierto con una sábana blanca. Mi mamá lloraba calladamente, pero se veían sus lágrimas. Yo le pedía a Dios que ayudara a mi hermano a estar bien y le prometía que ya no le reclamaría por lo rebelde y juguetón que era, que lo trataría bien y ya no lo regañaría.

Gracias a Dios que me escuchó y mi hermano tras una larga recuperación volvió a casa. Él tendría muchas cicatrices que sanar por delante. Ese evento desafortunado y doloroso sacó de mí la espiritualidad con que contaba. Y ese evento es un recordatorio que pase lo qué pase puedo acercarme al

---

7   Isaías 43:19 Biblia Traducción Reina Valera (RVR1960)

Padre Celestial por ayuda y protección.

Pregúntate:
• ¿Qué recuerdos felices, de ánimo, de valentía, de amistad tienes?
• ¿Recuerdas el juego de tocar el timbre y salir corriendo?
• ¿Recuerdas consolar o ayudar a alguien?
• ¿Recuerdas a un amigo, lugar o regalo especial?

Sobre todo, recuerda que Dios ha estado contigo desde tu concepción y aun antes, porque Él te planeó, la Escritura nos recuerda que nuestro embrión vieron los ojos del Dador de la vida. En nuestra inocencia pudimos creer su existencia y ahora conscientemente podemos recibir su presencia y dirección. No te olvides esos momentos tan especiales cuando de niño o niña le buscaste y creíste. Estoy convencida que los momentos más serenos de nuestra niñez es la Espiritualidad más genuina de la vida.

ELIGE TU RECUERDO MAESTRO

La mente tiene la capacidad de escuchar atentamente a nuestro espíritu, de tal manera que cambia el flujo de sangre en el cerebro hacia la parte frontal, llevándole más oxígeno y así, establecer nuevas conexiones (sinapsis) que pueden modificar:

1) Pensamientos negativos en positivos y cambiar la excesiva preocupación en confianza y esperanza. Al final tu puedes elegir cuál va a ser tu recuerdo predominante.

2) El resentimiento en amor. El amor podrá ayudarnos a perdonar y abrir el corazón para andar en amor.

3) Liberando emociones negativas en positivas, adquiriendo emociones positivas: de los «no puedo» a «soy capaz».

Entrando a mis 40 entré a una crisis psicoemocional bastante aguda que me tomó un proceso largo para recuperarme. Hubo un recuerdo que me ayudó enormemente y al que recurro muy a menudo para darme ánimo y, me hace recobrar confianza en mí misma cuando lo necesito. Cuando tenía cuatro añitos, mi hermano, Gabriel, y yo íbamos una vez al mes a visitar a mis abuelos maternos. El abuelo nos cuidaba extremadamente, más bien, delegaba a las tías a cuidarnos mientras no estaba él. Nos sentaba en sus piernas y nos escuchaba, se reía con nuestras historias y con nuestro lenguaje limitado. Me di cuenta de que nos disfrutaba enormemente y que tenía palabras positivas hacia nosotros.

Cuando recuperé el recuerdo de cuando me decía: «¡qué aplicada mi hija!», me reconocí una vez más como una mujer inteligente y capaz, por lo que trajo un renuevo de confianza en mí misma. Por consecuencia, ya no le dejé a Dios todo el trabajo de hacerme sentir bien y de darme las cosas sin esfuerzo o agradecimiento. Fue entonces que vi a una Margarita capaz de tomar rienda de su estado emocional cambiante y transformarlo en nuevas metas y aprendizaje. Esta memoria con mi abuelo materno la he convertido en un *recurso interno cotidiano*; y no es que deje a Dios al lado, sino que más bien, reconozco que Él usó a mi abuelo para decirme que yo soy capaz, y que eso no va a cambiar por cómo me sienta. Eso también determinó que fuera una buena estudiante y que ahora me encuentre escribiendo, y otras cosas más.

Este recuerdo predominante me ha enseñado que Dios siempre estuvo presente y que cuidó de mí. Él me reveló

Su presencia y la identidad que yo había olvidado. El dolor estuvo bloqueando este buen recuerdo y la verdad de que yo soy capaz.

Dios nos creó capaces y con gran honor. Hoy tienes la oportunidad y la responsabilidad de encontrar esta verdad en tu vida. ¡Eres capaz! Pídele a Dios que te recuerde esa sensación de ser capaz. Tal vez haciendo deportes, al haber ganado un concurso o alguna competencia, al haber logrado una certificación o una carrera, etc. Al recuperar estas memorias, ya no podrán dejar de ser un recurso afectivo y efectivo en tu vida presente. Afectivo porque te traerá una emoción positiva y efectivo porque modificará tu presente para bien.

Por eso, si estás en conflicto con las emociones de soledad, tristeza, falta de alegría, apatía, vergüenza, rabia, rechazo, entonces puedes ir hacia tu niñez para reconocer que tú viviste y tuviese lo opuesto a esas emociones. Es decir, que siempre alguien te acompañó (nuestro Padre Celestial), que viviste alegría, que disfrutabas, que liderabas a otros, que ayudabas con amor, que no te mantenías enojado por mucho tiempo, sino que te reconciliabas. Tal vez no te sentiste aceptado o amado por alguien cercano, pero sí hubo alguien o algo que Dios usó para enseñarte y comunicarte que eras digno de aceptación y de amor.

Quiero cerrar el capítulo compartiendo las palabras de Marian Rojas-Estape, una psiquiatra española, que dice: «el perdón es el volver al pasado y regresar sano y salvo». Estas palabras hacen mucha resonancia si queremos superar alguna situación de violencia, pérdida, o dolor de nuestro pasado. Pero la meta de recuperar memorias de nuestro pasado es la de reconocer todo lo maravilloso que vivimos y somos.

Olvidamos por años la resiliencia, los momentos felices y agradables, aunque hubiera tristeza en nuestro derredor, nuestra fe y conexión con Dios y, el de sabernos capaces y hábiles. Si llegamos a recuperarlos entonces podemos decir que son parte de nuestra identidad presente y que son evidencia de la dignidad humana.

La identidad es un recurso esencial e interno al identificar y tratar la violencia doméstica, así que es muy, muy importante que la persona pase por el proceso de recuperarse a sí misma, de lograr el reconocimiento de sus memorias buenas y poderosas. Que haga las pases con su pasado, para luego armarse de la resiliencia, capacidad, espiritualidad y dignidad; y que tome su recuerdo predominante que Dios usará, como lo hizo en el pasado, para comunicarnos su amor, protección y que nunca nos ha dejado solos. Podremos entonces apropiarnos de la promesa bíblica:

«El Señor es mi roca, mi Fortaleza y mi libertador, Dios es mi refugio, él me protege; mi escudo, me salva con su poder.»

La herramienta en el próximo capítulo, (después de hacer consciencia de que se ha sido vulnerado y permitirse sentir la indignación de lo injusto del abuso, cualquiera que sea este, y que, se haya recuperado a sí mismo para saber y creer que somos dignos, capaces, resilientes y amados) es identificar, nombrar y aceptar cualquier tipo de los flagelos de la violencia doméstica, con el fin de poderle hacer frente y lograr la libertad. El hacer frente a cualquier caso de violencia conlleva pasos certeros con la frente en alto de nuevo, una dignidad renovada por ser creado, amado, cuidado y capacitado por Dios y, con el respaldo de Dios. Veamos este camino de enfrentamiento en el siguiente capítulo.

Capítulo 7

HERRAMIENTAS PARA EL CAMINO A LA RECUPERACIÓN

«Admite que tu propia Montaña Everest existe.
Esa es la mitad de la batalla.»

Hugh Macleod

PIEDRAS EN TU MOCHILA

Con una pequeña anécdota explicaré cómo veo la recuperación. Es un proceso único y largo pero que tiene el potencial de hacernos mejores seres humanos que cuando se vive ansiosamente o en dependencia emocional.

Mi papá es una persona muy alegre, tímido a veces, pero alegre. Tiene una gran tolerancia hacia las fallas de los demás porque está consciente de las suyas. Siendo adolescente, cuando iba hacia la escuela o a otro lado, y veía a mi papá, él me decía:

—Echa piedras en la mochila, para cuando te molesten, ¡aguzada eh!

Por supuesto que esas piedras eran simbólicas, pero sí las empaqué; las he usado a través de los años.

He encontrado herramientas a través de talleres, conferencias, libros, sermones, grupos de apoyo que me han formado, pero sobre todo en mi experiencia de fe con Dios. Esas herramientas de vida son también las piedras necesarias en el camino de la recuperación en casos de violencia.

El camino a la recuperación se miraría con las piedras siguientes: educación, red de apoyo, acción y decisión, aprendizaje y mirada empática (ERADAME).

PRIMERA PIEDRA: EDUCACIÓN

No me refiero a completar una maestría o postgrado. Me refiero a una actitud enseñable que nos permite ser abiertos a nuevas ideas y formas de hacer las cosas porque aumenta nuestra agilidad de resolver los problemas de la vida. También alimenta nuestra persistencia para no claudicar y seguir adelante. Con la educación adoptamos un carácter resiliente.

Hay problemas que necesitan una mirada aguda y solo volver y volver su planteamiento, nos llevará a su resolución correcta. Al tratar la violencia, primero identificándola, la otra parte es resolverla. La actitud enseñable es admitir que se necesita revisar una vez más y, creer que se resolverá. El cómo de su resolución fluye en el proceso y deja en nosotros la voluntad por el saber, el conocer el mejor ángulo de las situaciones y así aprender a discernirlas.

Les cuento que fui una buena estudiante. En la primaria y secundaria era natural competir con los compañeros para saber quién resolvía los problemas de matemáticas primero (aún conservo la amistad de varios de ellos). Así que para cuando cursaba la preparatoria era buena para las matemáticas. Y de vez en cuando lo que sabemos nos reta. Una vez en la preparatoria tuve un conflicto bastante serio, era para que me hubiera ido a encerrar a la cama y no saliera por días. Pero hice lo contrario, pude conservar la claridad, a pesar de que estaba sumamente triste, me limpié las lágrimas y, decidí ir a cumplir con un examen de álgebra. Para mi sorpresa, no solo pasé el examen, sino que tuve la calificación más alta. Con un sentimiento de valía puedo contar que fui la única que lo resolvió. Tal vez para mis compañeros era un resultado normal, pero para mí, fue un aliciente de que todo se resolvería.

Todo lo que aprendemos nos ayudará para dar resolución a situaciones que apremian claridad y sabiduría. Nuestro cerebro hará uso de ese conocimiento que nos sacará adelante.

El conocimiento empodera. Ahora bien, tenemos que diferenciar el conocimiento de la información. Mientras la información puede ser falsa y verdadera, el conocimiento es solo verdadero. Y se convierte en una herramienta para la vida. Amigo, amiga, ¿de dónde aprendes?, ¿qué escuchas? ¿Esa información es un conocimiento verdadero que te preparara para resolver conflictos, para relajarte, para reflexionar? ¿Es algo nuevo que buscas y necesitas, o es simple, trivial o hasta de mal gusto? Sabemos que un gran número de información en el internet es falsa. Y tiene un porque, es más fácil diseminar una maldad que un bien. Diseminan la mentira para ganancia monetaria. Así que se crean artículos, noticias, sitios, dispositivas y frases que alimentan el ego y ciegan la conciencia. Solo señala al otro y no nos examina a nosotros. Por eso es necesario un amplio y sagaz criterio para distinguir qué aprendemos y qué no.

Volviendo a nuestro tema, en casos de violencia vamos a aprender de las organizaciones que ayudan no solo a la víctima sino también prevén el bienestar completo de la familia, incluyendo a la persona de comportamiento violento. Porque como abordamos, la persona agresora, se ha condicionado a la violencia y tiene un por qué. Y cuando la sobreviviente se educa en cuanto a la prevención de violencia doméstica y el cómo tratarla está creando un terreno donde el agresor tendrá la oportunidad de aprender y crecer también. Es la manera inteligente de usar el conocimiento. No solo se busca el empoderamiento de la sobreviviente, sino la transformación y el bienestar de las personas en el conflicto de violencia.

El empoderamiento se logrará al documentarse sobre temas, ya explicados anteriormente, como son:

- Qué alimenta los diferentes contextos de la violencia.
- Conceptos de codependencia y dependencia emocional, consentimiento, indefensión aprendida,

asertividad y límites, dignidad, etc.

- Los diferentes flagelos del maltrato, incluyendo el flagelo de privilegio.

- Cómo recuperar la identidad.

Un aspecto que es apropiado resaltar es el que la educación nos ayudará a madurar emocionalmente porque nos llevará a descubrir la educación psicoemocional. Y al educarnos en esta área podremos distinguir la diferencia entre:

- Un comportamiento violento sostenido y una respuesta con frustración por tener un mal día, o bien, por estar bajo la presión del estrés. Todos podemos tener un mal día, pero sin optar responder por la agresión física, verbal, de control o manipulación.

- Una posición desafiante de la pareja para causar una reacción en el otro, a causa de que algo en la relación necesita ser ajustado y, estar experimentando el continuo del ciclo de la violencia expresado por: tensión, luna de miel y agresión.

La educación empodera como lo vimos en el trabajo de la hoy activista de derechos humanos, Malala Yousafzai, al luchar frente a un sistema represivo y, solo la valentía de enfrentar la violencia y tratarla, cambiará las cosas.

SEGUNDA PIEDRA: RED DE APOYO

Cuando se comparte una pena, esta se parte en dos y

hay más posibilidades de alivio. El tema de la violencia doméstica contrae mucha vergüenza y desafíos, pero el sentido de supervivencia y el empoderamiento darán a la sobreviviente la valentía de romper el silencio sobre una situación de vida y muerte.

El violentómetro lo conforman todo tipo de microviolencias hasta comportamientos que llevan a la muerte en manos de la pareja. A nivel mundial, la estadística antes de la pandemia es que un 40 % de muertes en las mujeres es a manos de su pareja. El Washington Post del pasado 13 de abril, 2020, reporta que, en los días del 28 de febrero hasta el día de la nota, 100 mujeres habían muerto en México por el coronavirus mientras que 367 habían sido asesinadas en esas seis semanas. En EE. UU. se reporta que, entre febrero y abril, las llamadas telefónicas por violencia doméstica aumentaron de 52,000 a 59,000 y que los estados que más registraron llamadas fueron: California, Nueva York, Florida, Illinois, y Texas. "Lo anterior evidenciaría un aumento de la violencia, pero quizá también de la disposición a denunciar, porque 78.6% de las mujeres violentadas no denuncian ni buscan apoyo institucional, según las últimas cifras oficiales. Es un indicador de la dimensión oculta de esta pandemia"[1]. Por lo que se insta a la mujer que no se confine durante la pandemia. Se están desarrollando muchísimas redes de apoyo en línea y se están abriendo más espacios para conversar

---

1   The Washington Post, Laura Castellanos, México abandona a las mujeres violentadas en esta contingencia, 13 abril, 2020 https://www.washingtonpost.com/es/post-opinion/2020/04/13/mexico-abandona-las-mujeres-violentadas-en-esta-contingencia/ Domingo 25 oct., 2020 3:10 pm

sobre esta problemática de salud pública. Los refugios de mujeres en Estados Unidos siguen funcionando y están disponibles cuando una mujer sola o con hijos tiene que huir a causa del daño y peligro de la violencia.

El apoyo existe, pero el poder está en que la mujer o persona agredida rompa el silencio y busque la ayuda local a su disposición. Saber que no está sola, que hay ayuda y que cuenta con apoyo de personas que le estiman le dará a la persona agredida, la seguridad necesaria para empezar a afrontar la violencia.

Por otro lado, mantener contacto o restablecer contacto con familiares y amistades es muy importante cuando se atraviesan procesos emocionales dolorosos. Y a veces aparecerán, así como de la nada, solo hay que discernir quienes serán de apoyo y cuáles no. Poco después del proceso de duelo que compartí ya anteriormente, también perdí un hermano a quien me sentía conectada desde niños. Yo sentía su soledad y dolor emocional. Pero gracias a Dios, a las conversaciones con amigas de la secundaria y a las amigas más cercanas de ese tiempo, pude salir adelante cuando mi hermano entró al hospital agonizando y, aun así, darle apoyo emocional a distancia. Yo le hablaba por teléfono o mandaba textos, que mi otro hermano leía para él. Y como estaba paralizado de su cuerpo, su contestación era un «sí» cerrando sus ojos una vez y un «no» cerrándolos dos veces. Su agonía fue poco tiempo, pero muy doloroso para mis padres y para la familia; sin embargo, por el apoyo emocional del que me había formado, pude despedir a mi hermano con paz. Una noche, ya para entrar a la madrugada del 10 de octubre del 2013, me sentía muy cansada, pero era imposible irme a la cama, y después de orar entrando la media noche, sentí un descanso en todo mi cuerpo y una paz distinta, como muy ligera. No pasaron ni cinco minutos cuando entró la llamada de mi hermana, Lupita, para avisarme que nuestro hermano, Moisés, ya había fallecido. Comprendí que había sentido la paz con que partió mi hermano, así como por muchos años sentí su dolor emocional. Toda esta carga por la enfermedad y pérdida de mi hermano no la hubiera sobrellevado sin contar con la amistad que me demostraron la estima de esa red a la que me había conectado.

Dios nos muestra su amor por medio de amigos que nos aprecian aún a través de los años. Los amigos no juzgan, escuchan. Los amigos dan alegrías, no problemas. Los amigos creen en la persona, la animan.

Más o menos en el 2012 apareció un comentario bajo una publicación mía en una red social que decía: «Margarita, Magda y yo (Ruth), te estamos buscando; comunícate con tu mamá». ¡Literalmente salté de alegría! ¡Cómo no iba a hacerlo!, dos de mis mejores amigas de la secundaria me estaban buscando. Yo había emigrado a los EE.UU. casi después de terminar la preparatoria y perdí el contacto con los amigos que habían sido parte de mi círculo cercano en la adolescencia y juventud. Cómo me trajo alivio saber que de la nada se aparecieron estas amigas. Ellas me conectaron con el resto del grupo y, esto fue de ayuda cuando estaba trabajando en recuperar mi identidad.

Al poco tiempo otra amiga, pero de la preparatoria, me dejó un mensaje y al contestarle, pude recordar de quién se trataba. Ella es Myrna una muy buena y dinámica maestra docente de telesecundarias. También me contactó con los de la preparatoria y, volver a ver a ambos grupos ha sido una de las alegrías añadidas a mi vida, que agradezco tanto a Dios porque me recordaron a aquella adolescente ingeniosa estudiante que había en mí. Bueno, y así fui formando mi red de apoyo a distancia. Si fue útil una red de apoyo a distancia para mí, también puede funcionar una red similar durante la pandemia para aquellas mujeres que necesitan el apoyo emocional.

Por eso te insto que en tu red de apoyo deben estar los amigos que más cerca estuvieron y que quieren estar cuando atraviesas por dificultades o por un proceso de recuperación en caso de violencia. Solo hay que discernir con quien abrir tu dificultad y eso, la sabiduría de Dios te lo mostrará.

Además de familiares, amigos, recursos locales como agencias de prevención de violencia y albergues locales para mujeres agredidas, se debe conocer los programas y ayudas disponibles de ONGs para la persona sobreviviente de violencia doméstica. Esto ya es una tarea personal para la persona comprometida con su recuperación. Pero lo principal es saber que no se está solo en el laberinto del maltrato.

La red de apoyo no solo debe ser humano, sino también divino si se afronta un caso de violencia.

Las palabras de Wayne Dyer (1940-2015), psicólogo, profesor, autor y conferenciante, son inspiradoras avalando con su experiencia la necesidad de abordar los problemas desde la espiritualidad, él dijo: «*Hay una solución espiritual para cada problema*». Pero... ¿cómo encontrar esa solución espiritual? Dice el libro de Santiago 1:5:

«Si a alguno de ustedes le falta sabiduría, pídala a Dios, y él se la dará.
Dios es generoso y nos da todo con agrado.»

¿En qué radica el poder divino? El Espíritu de Dios nos guiará a toda verdad y justicia de Dios[2]. Además, nos provee de poder, de amor y dominio propio, es decir, guía con sabiduría durante todo el proceso.

GRUPOS DE APOYO Y ACOMPAÑAMIENTO

Reencontrar la amistad y el poder de Dios guiará a la sobreviviente a un lugar seguro y con las personas adecuadas para abrir el corazón y procesar la tristeza, la frustración, la indignación, la impotencia, cambios de ánimo relacionados a la indefensión aprendida. Para eso existen los grupos de apoyo para escuchar, para brindar comprensión y para proveer recursos. Muchas veces él o la sobreviviente tratará los traumas a nivel cognitivo con un terapeuta o consejero, pero *los grupos de apoyo existen para crear una conexión saludable y segura, donde a la persona no se juzga ni se le aconseja, solo*

2   Juan 16:7-8 Nueva Traducción Viviente (NTV)

se le escucha y se le da apoyo emocional. La consejería requiere un profesional de la salud mental. Sin embargo, un grupo de apoyo al brindar seguridad da un sentido de pertenencia y de aceptación necesarios para el proceso.

A veces las personas están en busca de una sanidad inmediata y milagrosa en eventos grandiosos y vivenciales, algo poderoso que les quite y desvanezca lo doloroso de los efectos del sufrimiento; pero *la sanidad profunda y verdadera se da en encuentros uno a uno, o en grupos pequeños.* Los cambios no se dan en masas sino a consciencia, apelando a la memoria, a los hechos, a la gestión o trabajo de las emociones encontradas y a la sinceridad y, eso solo puede darse en estos grupos de apoyo. Siempre ha sido así, la influencia y sanidad de Jesús fue uno a uno y a un grupo selecto de hombres y mujeres que extendieron sus enseñanzas de amor, perdón y salvación; primero en su ciudad y luego se esparció regional y finalmente al mundo conocido.

Hay una correspondencia al modelo de Jesús y de muchos pensadores de la historia, con las palabras que divulgaba el poeta y escritor Eduardo Galeano, cuando dijo: «Mucha gente pequeña, en lugares pequeños, haciendo cosas pequeñas, puede cambiar el mundo».

Esta es la premisa: Si cambiamos unos pocos, el mundo empezará a cambiar.

Pero ¿quién empezará ese cambio desde su interior, desde la responsabilidad personal, desde una mirada de amor? **Nos toca a ti y a mí, a nosotros que llevamos**

procesos adelantados de transformación para ser mejores seres humanos que respetan la dignidad propia y la de los otros.

Quiero enfatizar la importancia de los grupos de apoyo, ahora existentes virtualmente durante la pandemia, para el afrontamiento de violencia u otra crisis personal. Cuando no se reconoce una herida haciéndola visible no sanará. Necesita de un proceso de depuración del dolor para luego, aplicar el bálsamo de la comprensión y empatía de este sistema de apoyo.

Estimado lector, tengamos confianza de ir conformando una red sana de apoyo humano y poder divino para hacer frente a las dificultades de la vida y, especialmente cuando se resuelven casos donde se descubre la verdad de un abuso, de un incesto, el dolor de una violación o la angustia de que se está viviendo otro tipo violencia doméstica.

TERCERA PIEDRA:
DECISIÓN Y ACCIÓN - UN PLAN DE ESTRATEGIA

La educación y la red de apoyo lleva a la persona sobreviviente a la acción y a la decisión sobre su situación. En eso consiste la preparación del terreno de lucha. Ya no se verá más vulnerable, sino que ha preparado un ambiente listo para permitir que su voz sea escuchada e iniciar su defensa. El proceso de recuperación no solo la prepara para defenderse de la violencia, sino que le dará poco a poco un sentido de independencia emocional y social necesarias para resolver su crisis. Esas primeras dos piedras son como las armas necesarias para una guerrera. Piedras, que guiadas por el discernimiento que nos provee el poder divino, darán al blanco a un gigante vicioso y malvado; como cuando el joven pastor David peleó con el enorme Goliat. Hasta hace poco me vi como una mujer guerrera, espero que cada vez más mujeres estén preparadas para la guerra en contra de la violencia a una edad más temprana que la mía. Esa es mi oración.

La preparación lleva a la acción y decisión de varios aspectos:

a) Primeros pasos.
b) Modelo de confrontación.

PRIMEROS PASOS

- Identificar la violencia y llevar una documentación de evidencias.

Un diario con la información de actos de violencia, fechas y denuncias a la policía. Se necesita archivar fotos de golpes con fechas específicas, incluyendo intenciones de agresiones con arma blanca, pistola y ahorcamiento.

Cuando no hay golpes o agresiones verbales, se puede anotar el encuentro y las emociones sentidas. Si el conflicto te reprime o te hace sentir cualquier de las emociones primarias: temor, frustración, tristeza, ira, asco, etc. Incluso que intenciones se perciben del conflicto. Hay intención de controlar, de aceptar una decisión, de imponer o negar una decisión. Es básicamente un expediente de hechos y sentimientos que serán de gran utilidad cuando se llegue al modelo de confrontación. Todo este expediente tiene que estar en un lugar muy seguro.

- El plan de emergencia se debe elaborar con tiempo y cuando ya se ha formado la red de apoyo y se conoce de los recursos de ayuda. Es el conjunto de recursos y cosas que se llevará consigo si se tiene que huir en caso de un gran peligro.

La lista puede ser:
1) Números de teléfono de refugios para mujeres sobrevivientes de violencia doméstica.

2) Nombre y número de teléfono de abogado y/o paralegal, familiares y amigos más cercanos. Aparte del 911, tener los números de la policía de su ciudad.

3) Copias u originales de documentos importantes como: pasaportes, tarjeta de identificación, tarjetas médicas, de vacunas, documentos legales como hipotecas o seguros de vida. Cuenta y tarjeta de banco solo del/de la sobreviviente.

4) Dinero en efectivo, celular prepagado.

5) Diario de documentación de evidencias y que ha dado la corte sobre el caso.

6) Pequeña maleta con ropa que mantendrá en el carro o con alguien conocido para cuando se necesite.

ESTABLECER LÍMITES

Es un «hasta aquí», una nueva protección. Por ejemplo, si hay palabras ofensivas o golpes, es necesario dejar pasar unos minutos después del evento agresivo para dejar saber al agresor, mirándole a los ojos y calmadamente, pero con seguridad, que esa ofensa, comportamiento o palabras, no serán tolerados más. Además, se tiene que dejar saber qué consecuencias serán aplicadas si se traspasa ese nuevo límite.

Algunas consecuencias pueden ser simples o significativas.

- Las simples: Hacer la comida, pero no se sirve; se lava la ropa, pero no se plancha; no responde a llamadas o textos que no sean emergencia.

- Significativas: Moverse a otra habitación, hablar solo lo necesario, pero amablemente; llamar a la policía si hay agresión física nuevamente; establecer un tiempo límite para que la persona con comportamiento agresivo se disponga a reflexionar sobre su conducta injusta.

Si hay recurrencia a golpes, agresiones verbales o manipulación después de los nuevos límites establecidos, una orden de restricción es necesaria donde el agresor no puede acercarse la persona que la solicita. Y en caso de peligro como palizas, agresiones mayores e intentos de muerte hay restricciones de emergencia. Y ahí se acaba la tolerancia y, tiene que echar mano de su *plan de emergencia* ya descrito anteriormente porque esta etapa es de gran peligro para la sobreviviente.

El libro más antiguo del texto bíblico, Job[3] , nos habla de la importancia y el poder de los límites: «Yo puse un límite al mar y cerré con llave sus compuertas. Y dije: Hasta aquí llegarás, y no pasarás más adelante, y ahí parará el orgullo de tus olas». ¡Qué poderosa esta declaración! Un límite es un alto y es una protección. Tiene que ser comunicado con autoridad como muestra el verso de arriba con un rotundo «hasta aquí» y que comunica: «no pasarás más delante», «ahí se detendrá tu comportamiento de altivez».

Conforme la persona se empodere, sabrá qué límites y consecuencias establecer; eso le dará valentía y seguridad para seguir. No es solo comunicar una vez, sino cuantas veces sea necesario para dejar saber qué comportamientos ya no son aceptables en la relación o dentro de la familia. Los límites deben ser consistentes y claros, pueden ser removidos solo por un nuevo acuerdo según vaya el diálogo entre las partes. Y para que haya consistencia, la persona sobreviviente tiene que afirmarse y adoptar seguridad en sí misma al trabajar en

---

3   Job 38: 10-11

su identidad y, la misma indignación de haber permitido las ofensas le dará el ímpetu de ser fuerte y consistente.

MODELO DE CONFRONTACIÓN

El modelo de Jesús en Mateo 18:15-17 (PDT) de llamar a cuentas a solas para hacerle ver la falta, y luego verificar si ha reconsiderado su comportamiento. Si no hay respuesta positiva de cambio. Es básicamente tres pasos: llamar a cuentas, llevar la situación a una persona experta y, en última instancia, crear una crisis hasta llegar a la ley.

¿Cómo perdonar al hermano?

«Si tu hermano hace algo malo, ve y habla a solas con él. Explícale cuál fue el mal que hizo. Si te hace caso, has recuperado a tu hermano. Pero si no te hace caso, ve otra vez a hablar con él, acompañado de una o dos personas más, para que ellos sean testigos de todo lo que se diga. Si él no les hace caso, díselo a la iglesia*. Y si no hace caso a la iglesia, entonces debes tratarlo como a uno que no cree en Dios o como a un cobrador de impuestos.»

(*) Nótese que, en el tiempo bíblico, la iglesia (sinagoga) era la autoridad. Hoy día no es así, la iglesia no determina la situación legal de una pareja sino la ley.

CONFRONTACIÓN:

- Llamar a cuentas a la persona de comportamiento violento.

La persona sobreviviente empieza el proceso explicándole el conflicto de violencia a la persona de comportamiento agresivo. La persona agredida puede decir en primera persona:

—Necesito hablar de los comportamientos agresivos que he recibido de tu parte por este tiempo (días, meses o años).

A veces no se llama a cuentas porque no se sabe cómo, porque no se tiene la valentía y asertividad requeridas, o porque no se miraba el conflicto de manera tan seria. Es necesario traer a la mesa para su discusión, preferible en un lugar abierto como un café para guardar la compostura, ejemplos específicos y preguntas directas al agresor como:

—Cuando escucho estas palabras: _____
me siento menospreciada, excluída, ofendida, enojada, frustrada, triste, decepcionada, no amada, etc.

—Voy a pedirte que dejes de actuar agresivamente cuando algo no te gusta, enoja, o si piensas diferente. No toleraré más los siguientes comportamientos de tu parte _____.

—Necesito saber qué piensas al respecto _____
_____.

- Llevar la situación no resuelta a un experto

Si los límites no se han cumplido por parte de la persona de comportamiento abusivo se requiere la intervención de terceros, pero que tengan conocimiento del tema de violencia doméstica y no solo que sea consejero, pastor o terapeuta.

Sé de algunas promotoras en la prevención de violencia doméstica que han capacitado a psicólogos en cuanto el tema. Se requieren muchas horas de capacitación para hacer conciencia sobre estos flagelos que acosan a nuestras familias. Mi propia capacitación ha sido por varios años y hay un entrenamiento intensivo requerido por el estado de California (California Evidence Code 1037.1), para quienes somos promotoras voluntarias en la prevención de la violencia doméstica.

Aquí la familia de ambas partes tiene un papel de apoyo y de acompañamiento, pero no de intervenir en las decisiones de la persona agredida. No se va a remover de una posición *ansiosa* y vulnerable en una relación para entrar a otra similar de dependencia afectiva. La responsable de su propia vida y bienestar es la sobreviviente.

Es muy importante que la persona sobreviviente lleve escrito los comportamientos recurrentes a los límites transgredidos y su nueva petición. Lo más natural será que el agresor presente resistencia y dará largas al asunto. Y la persona sobreviviente tendrá que vestirse de mucha valentía y persistencia para seguir con su plan y, sobre todo, si las agresiones físicas o verbales no han parado. La sobreviviente pedirá respeto y dominio propio de su agresor. También podrá poner un límite de no intimidad si fuera necesario.

- Crear una crisis hasta llegar a la ley

El mismo proceso bajará el deseo a la intimidad ya que hay sufrimiento y dolor. Y es necesario que no se lleve a cabo la *luna de miel* del ciclo de la violencia porque solo sería una solución de piel, de placer o superficial. El amor *eros* se tiene que poner de lado y el enfoque debe ponerse en el amor *filial* que le brinda su *red de apoyo*. Todo el proceso tiene por meta final que el agresor se haga consciente de su comportamiento agresivo y qué se haga responsable de éste.

No se trata de un proceso donde el/la sobreviviente se vuelve un *vengador*, sino que se vuelve un facilitador que inspire al cambio. Será firme pero amable a la vez. No deja sus responsabilidades de lado, al contrario, se vuelve una persona atractiva en su propio cambio y posibilidades. Buscará una mejor comunicación donde se escuche y no se grite, donde se respete y no se agreda a ninguna de las partes, donde la amabilidad reine, pero que los nuevos límites se respeten.

Para grandes cambios se requieren grandes riesgos. En este punto, la persona sobreviviente debe haberse vestido con toda la fuerza posible para no temer por su futuro. Dios te respalda y te dará discernimiento cuándo hacer y qué pasos tomar. Amiga, amigo, te has empoderado y mereces vivir dignamente. Y si no hay voluntad de cambio en el agresor(a), un darse cuenta de que su comportamiento violento debe dominarse y, que tanto el respeto y la dignidad deben adoptarse, entonces eres libre para continuar con una crisis:

a) No guardar silencio ante comportamientos violencia o manipulación

El silencio no será permitido cuando los nuevos límites se han establecido para resguardar la integridad física y emocional del sobreviviente. Si el comportamiento violento continua, el/la persona agredida no debe callar más. Es tiempo de establecer un completo cierre a la dinámica de abuso. La oportunidad se acabó. Se necesita mucha dirección de parte de Dios para guiar a las personas que verán con asertividad y comprensión el proceso. Más que nunca, ambas partes deben hacer conciencia de que rumbo tomará el proceso.

¿El agresor ha accedido a ir a terapia? ¿El agresor ha tenido muestras de arrepentimiento por su proceder agresivo? ¿La persona sobreviviente puede decir: «Puedo seguir hacia adelante sola/o sin la ayuda económica y amor de_____»?

En una crisis hay mucha confusión, por eso requiere asesoramiento y acompañamiento para saber que hay algo que sostiene cuando todo se desmorona. Pero no es tiempo de parar el proceso o de ser pasivo ante comportamientos injustos.

b) Separación física, íntima o emocional según sea el caso.

La separación ayudará a crear una crisis. En casos de abusos como golpes o palabras de menosprecio, violencia económica o sexual es necesaria la separación física, como se le conoce: el contacto cero. Una orden de restricción emitida ayudará para que se pare el abuso. Hay dos clases de restricciones. Una para víctimas de violencia doméstica (DVRO's, en Inglés) si se está casado o está en una relación de pareja o de familia. La otra es orden de acoso civil, si se trata de una agresión o acoso por parte de personas que no son pareja o familia de primer y segundo grado, como son vecinos, compañeros de trabajo, desconocidos, jefes o cualquier persona de la comunidad.

La separación íntima o física debe ser considerable en tiempo, de seis meses a un año, hasta observar un comportamiento de cooperación y de cambio por parte del agresor. Se tiene que tener evidencia de cambio para creer en las palabras: «dame otra oportunidad», «acéptame, todo será diferente», porque si hay voluntad y una chispa de amor, la persona de comportamiento violento, incluyendo en los casos de violencia emocional o de privilegio, hará pasos concretos de cambio y, sobre todo, tomará seriamente el asunto de que se tiene un comportamiento de violencia.

c) Divorcio

Muchas de las personas que llegan a la etapa de la crisis pueda que, a pesar del cambio de voluntad y comportamiento del agresor, ya no están dispuestas a salvar la relación. Por eso es muy necesario conducirse con mucha cautela y sabiduría, porque si hay evidencias de cambios por parte de la persona del comportamiento agresivo, entonces la sobreviviente puede preguntarse si ella/él misma/o se está vengando o lastimando su familia por la falta de perdón, que denota la falta de amor. Pero esto ya es muy personal y no debe verse con juicio ya que cada proceso es único y de resoluciones con variables que solo la pareja y familia conocen. Además, tiene que tomarse en cuenta que, en el proceso de tratar la violencia, no solo se busca el cambio en el agresor, sino que se revelará también las áreas que la sobreviviente necesita trabajar o transformar.

Implicaciones espirituales del proceso

Tal vez la sobreviviente necesita tiempo, y buscar la dirección y voluntad de Dios para su vida. Después de la indignación, la sobreviviente corre el peligro de usar su poder fuera de la voluntad de Dios y, por eso tiene que proteger su corazón y destino trabajando no solo en sus emociones sino también en sus intenciones. Se verá tentada a llevar el sartén por el mango, pero sin empatía ni voluntad de perdón.

¿Pero cuáles son los casos que ameritan divorcio? Cuando la persona agresora no ha tenido la disponibilidad de cooperar en el proceso, y no ha reconocido con hechos concretos la dignidad y valía de la pareja, hasta este punto de confrontamiento. No ha hecho un compromiso de cambiar su conducta y no ha respondido al proceso de eliminación de la violencia. Esto denota falta de humildad y de amor hacia el/la sobreviviente. Tiene la intención de conservar el poder y dominio sin la voluntad de verdaderamente amar. Se requieren la dignidad, la autonomía, la humildad y la voluntad de amar, y no poseer ni cosificar, para reconsiderar salvar la relación.

CUARTA PIEDRA: APRENDIZAJE

El aprendizaje consiste en lo que se aprendió en el proceso y el adoptar un nuevo propósito de vida. La educación en el tema, la confrontación por medio de límites siendo asertivo y hasta llegar a la crisis, llevará a la sobreviviente a buscar las raíces correctas y positivas del alma y, a rechazar las raíces de amargura, rivalidad y venganza. La atención no será en el dolor que se vivió o que regresa en ocasiones como un intruso que roba la paz, sino que se concentrará en el gran aprendizaje de vida que se ha experimentado.

Eso será mirar con objetividad desde la perspectiva de enfocarnos en el aprendizaje y no desde el dolor de nuestra experiencia. Será el tiempo de cerrar el círculo de dolor y abrir el círculo de libertad y de un futuro mejor. Es necesario obtener raíces positivas y correctas para contrarrestar las llamadas raíces de amargura, que por error todos los seres humanos llegamos a tener y retener. Y para adoptar (CPC) necesitamos:

- Claridad de mente: Practicar la presencia plena para lograr la paz mental y serenidad de alma. Cuando hay serenidad hay conexión espiritual. El Espíritu de Dios es el que guía y da calma al alma.
- Paso firme: Entereza al avanzar con confianza al mirar el presente y el futuro con los desafíos que conllevan. Ninguna circunstancia adversa debe verse como determinante. La voluntad de Dios es que tengamos vida y una vida plena.
- Comprensión de su origen: Confiar en lo que se lleva dentro. Todo lo bueno que se heredó y aprendió de su familia de origen como sus abuelos, tíos, primeros cuidadores, padres y hermanos. Incluso amigos y comunidad de fe.

Finalmente, la persona sobreviviente tiene confianza que su vida no termina al tratar la violencia, sino que vislumbra un nuevo interés y propósito siendo una persona más madura e independiente.

El propósito de vida se descubrirá con el proceso de autoconocimiento que se dio al recuperar su identidad y el desarrollo de nuevas destrezas al tratar la violencia.

La persona que ha recuperado su identidad y reconocido su dignidad también necesitará sanar su corazón no solo de la agresividad externa sino también de la interna. Seguir creciendo le brindará un conocimiento más profundo de su ser y de su propósito de vida. En este proceso de recuperarse a sí mismo, la persona sobreviviente será capaz de mirar el proceso desde la empatía, porque no solo se comprenderá a sí misma, sino que desarrollará la habilidad de mirar desde la comprensión y entendimiento hacia los que le rodean. Se ha vuelto más inteligente emocionalmente.

QUINTA PIEDRA: METAS NUEVAS

- *Lograr independencia afectiva.* Al removerse de la relación como una persona con dependencia emocional y ansiosa por la atención del otro, hacia una persona completa con una identidad y amor propio maduros, y que, a su vez, concibe su vida con una dignidad no negociable, le dará un nuevo propósito de vida. Propósito de nuevas oportunidades y de servicio a otros. Donde él o ella compartirán toda la riqueza desde su interior con su medio ambiente. Ya no existirá ERADAME amor, atención, valor, sino que ama y comparte ese amor desde su interior. Ya no dependerá del amor de los otros y, compartirá su tiempo y su ser con aquellos que le respeten y valoren.

- *Trabajar en su independencia económica.* Durante el proceso la persona sobreviviente no solo se verá valiente así misma, sino que, al

recuperar su identidad, que ya exploramos
ideas, también descubrirá muchas capacidades
nuevas o que estaban estancadas o dormidas.
Esto le abrirá muchas ventanas de oportunidades
que le llevarán a la independencia económica a
través de nuevos retos y emprendimientos.

SEXTA PIEDRA: EMPATÍA

El plan de recuperación necesita además de educación
y valentía, una mente clara y competente para escuchar
la voz de Dios desde su interior. Tanto para preservar
la vida y bienestar como para crecer emocional y
espiritualmente.

«Mejor es adquirir sabiduría que oro.»

«El orgullo del hombre lo humillará; pero el del espíritu
humilde obtendrá honores.»
Proverbios 16:16; 29:23

El proceso de recuperación no solo desafiará a la
sobreviviente a salirse de una posición ansiosa sino a
convertirse en una persona más real, más íntegra. El
proceso no solo tratará el carácter de superioridad y falta
de amor de la persona con comportamiento violento,
sino también lo más profundo del corazón y alma de la
persona sobreviviente.

*Hay una gran libertad cuando se termina el proceso de
recuperación desde la empatía.* La empatía es la montaña

de la recuperación y, no el empoderamiento en sí, ni tampoco derrotar a la persona que ha infligido daño al sobreviviente. Por eso nos preparamos con las piedras de educación, red de apoyo, acción y decisión, y aprendizaje para llegar a la gran piedra: empatía. El empoderamiento prepara para la lucha contra la violencia, pero hay un poder mayor, el poder del amor. El amor de Dios, desde el Espíritu de verdad, que nos capacita para terminar cada proceso de crecimiento, sanidad y libertad con una mirada dignificadora no solo hacia nosotros mismos sino en correspondencia a los otros también.

Hay tres elementos que generan la empatía:

Mirar, disfrutar y hacer desde la humildad del amor.

- **Mirar empáticamente (sin juicio).** Actuar empáticamente (justamente y en comprensión). Pensar empáticamente (compasivamente desde sus circunstancias de vida) y preguntarse qué hay debajo de la superficie de la vida o comportamiento de los otros. Cuestionar según nuestros valores y creencias.

  Cada decisión debe apelar a nuestros valores y tiene el poder de dirigir la vida justamente a través de un buen cuestionamiento.

  Filipenses 4:8 es el medidor de nuestras intenciones justas y valores puestos en práctica:

«Y ahora, amados hermanos, una cosa más para
terminar. Concéntrense en
todo lo que es verdadero,
todo lo honorable,
todo lo justo,
todo lo puro,
todo lo bello y
todo lo admirable.
Piensen en cosas excelentes y dignas de alabanza.»

Cuestionarse a sí mismo durante el proceso de
recuperación acerca de que si las acciones
y decisiones tomadas son verdaderas, honorables,
justas, puras, o admirables de belleza y honra.
Cuando ponemos la mirada en nuestro interior
y propio cambio, se descubre tanto que la
mirada hacia el otro se torna con más comprensión
y entendimiento. Es necesario mirar sin juicio
para que la sobreviviente llegue al perdón, exista
o no cambio en el otro. Perdonar a partir de la
empatía de comprender más al otro como un
ser humano en su necesidad de transformación
es conquistarse a sí mismo, a su propio Everest.
Conquistar el dolor que le aprisionaba. Es
renunciar a la amargura, a la falta de amor, y
también a verse superior que el otro,
independientemente que se salve la relación o no.

- **Disfrutar cada día buscando la armonía.** Es
  relacionarse consigo mismo y con el entorno
  desde el amor y la comprensión. Haciendo frente
  al estrés con confianza. Reconociendo las

emociones, pero no dejarse dominar por ellas. Simplemente mirar con atención cada momento. Confiar en nuestro autoconocimiento y lograr la calma. Es respirar profundamente y redirigir nuestros pensamientos a un terreno fértil y de abundancia. Es aprender a vivir con libertad, sobre las circunstancias difíciles de la vida y sobre el proceso desgastante al tratar la violencia. Es estar en contacto con nuestro espíritu desde donde el Espíritu del Creador se comunica y conecta con nosotros. Solo así podemos generar en nosotros amor, alegría, paz, paciencia, gentileza, bondad, fidelidad, humildad y control propio.

- **Hacer desde la humildad del amor.** Es el límite del orgullo y la Indignación es la voluntad de saberse no superior sino en igualdad de condición reconociendo las áreas en las que se ha errado también. No pagar mal por mal, sino pagar al mal con el bien.

La humildad, la comprensión y el amor son los ingredientes de la mirada empática, de la mirada dignificadora.

Para la reconocida alpinista mexicana, conferenciante y autora, Karla Wheelock (la primera mujer de llegar a la cumbre del Everest por el lado Norte y de escalar las cumbres más altas del mundo: el Gran Slam), la montaña enseña que: «la humildad es reconocer nuestro exacto tamaño ante la grandeza de la vida». Y en uno de sus cortos videos nos inspira diciendo: «Empoderando a las mujeres, empoderando a la humanidad; solo imagínalo».

Al practicar la humildad con la disposición de colaborar y cooperar durante el proceso y desafiar la transformación del otro, al inspirarle siendo la mejor de versión de nosotros mismos, es parte de empoderar a la humanidad. Es el principio para transformar nuestro medio ambiente cercano y a nivel global.

Al enfrentar la violencia mirando empáticamente al otro con un alto nivel de comprensión, con dignidad y posibilidades de cambio, así como Dios ha mirado a la persona sobreviviente, con una mirada dignificadora y de amor, no solo transformará nuestro entorno sino nuestro mundo.

EPÍLOGO

En el camino a la recuperación de sí mismo, encontramos que la emoción indignación o la ira ayuda para defenderse de cualquier injusticia porque pone a la mente y cuerpo en alerta para la defensa de su dignidad inalienable. Al recuperar el poder, que nos hace valientes y capaces, nos trae a veces la ilusión de no equivocarnos, de ser casi invencibles o de valer más que el agresor. Aunque se siente, es una falsa creencia porque en la vida todos tenemos un mismo valor humano y una dignidad como hechos a la imagen de nuestro Creador.

El proceso de recuperación nos lleva a la integridad y a la mirada dignificadora hacia nuestro prójimo.

La persona empoderada y capaz necesita un límite de sabiduría para tomar decisiones que no dañen a terceros como los hijos, o al agresor desde el odio y la venganza.

Hay muchas historias donde los hijos son la excusa para dañar al padre o madre. Pareciera un juego de cuerda de estira y afloja. En lo personal, he pasado 25 años facilitando la relación padre e hijos en casa, aun en los momentos más difíciles como pareja. En el momento que identificaba que les mandaba a mis hijos: "ve y dile a…", algo tocaba mi conciencia. Y hasta allí llegaba mi actitud egoísta. Aún para escribir esta parte para cerrar con amor mi escrito, Dios ha sondeado y alineado mi corazón.

Las palabras de nuestra querida mentora de nuevos autores, presidente de la *Editorial Güipil* y reconocida autora, Rebeca Segebre, se han cumplido en su servidora, cuando dice: "*Un libro cambia vidas. La primera vida que cambia es la de su autor*".

Esta experiencia de emprender un libro puso en mi corazón en que debo culminar con amor. Que la sobreviviente además de recuperar la dignidad, la valentía y su libertad, también pasará por un proceso de integridad y será desafiada a mirar con la dignidad con que Dios mira al ser humano. Dios siempre nos mirará con una Mirada Dignificadora. Y nos pide a hacer lo mismo. Y eso solo se consigue desde el espíritu con la ayuda del Poder Divino.

Cuando hemos sido mirados y tratados con el Amor Inagotable, Inefable, perdonador y profundo de Dios, nada queda sin alumbrar. Su mirada no solo nos conforta y consuela como un bálsamo o medicina, sino también nos pide que derribemos el propio orgullo y una tendencia violenta expresada por la falta de perdón y en el estancamiento de la amargura y sufrimiento. El deseo de venganza o la falta de perdón es violencia. El violento agrede, y la víctima retiene. La acción del agresor es visible, la de la víctima se esconde, se arraiga y excluye. La venganza y falta de perdón tienen la misma raíz que la de la violencia: el falso orgullo.

Todo en nosotros se va deshierbando o descubriendo durante el proceso para revelar la necesidad de integridad y para ayudarnos a mirar empáticamente.

Dios te respalda

Así que cuando alguien se encuentra en el proceso de recuperación en cualquier contexto de violencia necesita empoderarse para lograr su asertividad e inteligencia para poner límites y acciones protectivas y, a veces definitivas, si existe la falta de respuesta o no disposición de la persona con comportamiento violento. Además, se deja toda tristeza, posición ansiosa o vulnerabilidad como víctima de lado, para darle cabida a la decisión y acción para poner un alto al comportamiento injusto de alguien significativo en su vida. Dios respalda a la persona que es vulnerable por la indefensión aprendida y a la persona que recupera su poder. Sin embargo, cuando ésta se empodera y busca los recursos necesarios, tiene que cuidar de no acoger una actitud agresiva e indolente durante su proceso de recuperación que le impida adoptar una nueva mirada a su historia y que aumente su empatía hacia la vida y aun, hacia el agresor. Además, que no olvida su esencia de Mujer como es el amor, la ternura, la grandeza de las mujeres de su origen y la reconciliación. No es paradójico avanzar con firmeza, pero con ternura; poniendo límites y a la vez haciendo el bien, desafiar al otro al mejorarse a sí misma. Es ser firme en el proceso, pero también justo y no decidir desde la falta de perdón.

Si queremos una Tierra sana y un mundo justo donde verdaderamente se hace justicia y se erradique la violencia necesitamos empezar a hacer consciencia tanto en lo personal, como en nuestras familias. Hoy mas que nunca en que hemos estado confinados por la pandemia del Coronavirus podemos preguntarnos si estamos perpetrando comportamientos injustos o violentos. En los planes del Dador de la vida está el de formar ciudadanos espirituales para el Nuevo cielo y Nueva Tierra donde corra un rio de justicia y de igualdad. Y eso empieza desde el centro de nuestras células, de nuestra mente, desde el seno de nuestras familias. Solo así ese 10% de personas crecerá hasta el porcentaje necesario para la transformación del colectivo del ser humano.

Hacer silencio frente a la violencia no es la solución. La solución es identificarla, reconocerla y tratarla desde la transformación personal y desde el propósito de ser de ayuda a los demás. Como dijo el recordado Nelson Mandela quien se conquistó a si mismo al perdonar a sus agresores:

"Ser libre no es solamente desamarrarse las propias cadenas, sino vivir en una forma que respete y mejore la libertad de los demás" Nelson Mandela

Por lo que nos debemos no solo al respeto de la dignidad propia sino a la de todos. Y más aun, a la dignidad de los que una vez compartimos o comparten nuestra vida. Amigos/as muchísimas gracias por caminar estas páginas conmigo. Recibe el amor y bendición del cielo. Los animo a disfrutar cada día, haciendo lo necesario y a compartir lo mejor de nosotros mismos porque solo así generaremos la energía necesaria, como catalizadores, para la deseada transformación del ser humano y de su casa, *la hermosa tierra.*

Margarita Chulde

RECURSOS

Los recursos locales y direcciones en línea darán un mapa a seguir. En cada clic y lectura te abrirá camino a reconocer, confrontar cualquier flagelo de la violencia. Te proporcionemos estos, pero continuar la lista en tu localidad será tu tarea. Tarea que te ayudara a animar a otras mujeres a recuperar una mirada dignificadora hacia si misma y hacia los que le rodean.

Comparto algunos recursos:

Organización ConPaz
http://www.conpazcalifornia.org/
35550 Crossroads St Wildomar, CA 92595 USA

Centro de Mujeres Este de Los Ángeles
https://www.elawc.org/
1431 S Atlantic Blvd., Los Angeles, CA 90022 USA

Sitio web publico nacional de delincuentes sexuales
https://www.nsopw.gov/es

Fundación de Sobrevivientes de Tráfico Humano
https://fsth.org/

1525 E 17th St. Ste C Santa Ana CA 92705 USA
(800) 670-1014

Proyecto Raquel
http://www.proyecto-raquel.com/

Instituto para la Rehabilitación de la Mujer y la Familia
https://www.irma.org.mx/

CDC – Centros para el Control y la Prevención de las Enfermedades
https://espanol.cdc.gov/coronavirus/2019-ncov/daily-life-coping/stress-coping/abuse.html

Fundación Esperanza
http://fundacionesperanzacr.org
Mujeres 8927-2500 y 7053-5321
Hombres 8871-6212 y 7027-2576

Take Note Institute
Agencia consultora de coaching y liderazgo
http://www.takenoteinstitute.com

Mujer Valiosa
"Yo soy valiosa en el corazón de Dios"
Fundadora Rebeca Segebre.
http://mujervaliosa.org

Grupo de Facebook: MUJER VALIOSA - WHITTIER
https://www.facebook.com/groups/125259606148333

Línea Nacional de Violencia Domestica en Estados Unidos
https://espanol.thehotline.org/
1(800) 799-SAFE (7233)

Acerca de la autora

Nacida en Torreón, Coahuila, México, Margarita vive en California con su familia y es facilitadora de grupos de apoyo de la Fundación ConPaz. Ella es voluntaria en la línea de crisis, contestando llamadas de emergencia en el Centro de Mujeres del Este de Los Ángeles (ELAWC); cuenta con una certificación de asesoría familiar del Centro Hispano de Estudios Teológicos de Compton, CA (CHET) y con módulos sobre prevención e intervención de violencia, en el programa de Iniciativa Pública e Involucramiento Cívico de la Universidad Estatal de California (USC). La autora está certificada para el acompañamiento de sobrevivientes de la violencia por el estado de California, a través de la Fundación de Sobrevivientes de Tráfico Humano en Santa Ana, CA.

Estudió en la *Academia Escribe y Publica Tu Pasión*, y colabora en Take Note Institute en Whittier, CA, educando a padres en la comunidad. Margarita ha acompañado a su esposo en el pastorado por 25 años y ha servido en la iglesia local junto a su esposo en el área de educación cristiana, educando a niños y mujeres. La autora ama la niñez y es promotora de la cultura de la prevención de violencia doméstica, una cultura de paz para el bienestar y la protección, no solo de la mujer, sino de toda la familia. Actualmente continúa preparándose en el Seminario de Estudios Pastorales (ESEPA) de Costa Rica para una certificación de protección infantil.

Para más información y contacto escribe a:

Margarita Chulde - Promotora Social
www.MargaritaChulde.com
marchacond@gmail.com

Facebook:
https://www.facebook.com/MarFacilitadora/

NOTAS

....

....

....

....

....

....

....

....

....

....

....

....

....

....

....

....

....

....

www.ingramcontent.com/pod-product-compliance
Lightning Source LLC
LaVergne TN
LVHW020054090426
835513LV00030B/2163